電撃の文章術

Lightning Writing

田中一広

総合科学出版

はじめに

　この本を読み終わったとき、あなたは今までと変わったかたちで世界を認識するだろう。

　「ハァ⁉ これって、たかだか文章術だろ？ そんな効果あるわけないじゃん！」

　……そう、思っただろうか？
　確かに、たかが文章術。
　しかし、されど文章術。
　あなたも、私も、社会の中で生きる人間はみな、"言葉"によって世界を認識している。
　夕焼け空の風景は目で見て認識するが、認識する際には頭で「この夕焼け、キレイだな」という言葉を作り出す。
　「ニャー」という鳴き声は耳で聴いて認識するが、認識する際には頭で「猫が鳴いている」という言葉を作り出す。
　だから、言葉の使い方が変化すれば、それに伴い頭で認識する世界の姿もまた、変化するのだ。
　実際、バイリンガルの人はどの国の言語を使うかによって、性格が変化するという研究結果も存在している。
　では読み終わった後、あなたの見る世界はどう変わるのか？
　ズバリ、あなたの見る世界は「文章の力で変えられる世界」になる。

はじめに

「世界を文章の力で変えられるだって？」と驚いたかもしれない。でも、思い出してほしい。あなたも私も、我々はなぜ文章を書くのだろう？

メモや日記など、自分さえ読めればいいという一部の文章を除き、たいていは、ほかの人のアクションを促すためではないだろうか。

メール、チャット、プレゼン資料、企画書、ブログの記事、書籍の原稿……などなど、実際に文章を書く場面を思い出してほしい。「来週末までに企画書を作成してください」という物理的な行動から、「私に好意を持ってください」という精神的な動きに至るまで、そこで書かれているのは、ほかの人にこう動いてほしいという要請のはずだ。

つまり文章というのは、人に動いてもらうための手段として使われるもの。なので、文章力がつけばつくほど、人が動いてくれる確率はアップする。

さらに、文章が高速で書けたらどうだろう？ 当然ながら、早く書ければそれだけ多くの文章を書けるので、それだけ多くの人に行動要請が可能だ。

そして、この世界を作っているのは人の行動と心の動きにほかならない。ということは、文章術の知識が手に入れば、文章の力で世界を変えることができるというワケ。

文章の力で企画書を作り、自分の思いを実現することもできる。文章の力で自慢の商品を、その商品を欲する人々へと届けることもできる。もちろん、文章そのもので稼ぐことだって可能だ。

逆を言えば「この先もずっとずっと、今までと同じ世界を見ていたい！」とあなたが願うならば、今この瞬間、この本は「ポイ！」してしまったほうがイイだろう。

読み進めるだけ時間を無駄にしてしまううえ、最後まで読んでし

まったらあなたの世界が変わってしまう。そうなってしまったらもう、取り返しがつかない。さあ、本を閉じて目に触れない場所へしまおうじゃないか！

....

　……おっと……まだこの文章を見てる⁉ OKOK！
「そりゃ、お金出して本を買ったんだから、読むでしょ？」
　いやいや、そう思うかもしれないが、我々の心の中には「現状維持バイアス」というものがある……と心理学では言われている。
　現状維持バイアスというのは、「今の自分の環境を維持したい！」という"無意識の力"だ。
　日常の中で「ここを変えたい！」と思っても、勉強にせよダイエットにせよ変化のための行動というのはたいてい、苦労を伴う。そもそも「新たな環境に飛び込む」というのは、人間にとって大変ストレスになること。
　なので、今の環境にちょっとぐらいの不満があっても、変化を拒み、今の環境を選んでしまう……という心の力が働くのだ。
　だけどあなたは、その最初のハードルを乗り越えた。
　そんなあなたにこの本がもたらす具体的な効果は、スピーディーな文章執筆術と、現在の文章のクオリティアップのための方法だ。
　文章のスピードアップとクオリティアップは別々のものだと思うかもしれない。でもこの２つはセットだ。なぜなら、量と質は連動しているから。質は、量をこなすことで高めることができる。スピーディーに文章を書ければ量をこなせるので、その分質もアップする。
　また、質がアップするということは、ある一定時間内に生み出す

はじめに

文章の質がアップするということ。文章に限らず、時間を無尽蔵に投じて高品質なものを生み出すというのは、さほど難しいことじゃない。時間の概念抜きでクオリティアップを考えても意味ないのだ。

そして、質＝ある一定時間内に生み出す文章の質と考えれば、質を落とせば、同じ時間でも量を生み出せるという考えに行きつく。質と量はセットなのだ。

たとえば、私がライティングを請け負う場合、平均的な執筆量は1時間 2,000～3,000 文字程度だ。しかし、自分が知見を持った得意分野で、かつクオリティがあまり要求されないといった条件が重なれば、最速で1時間 6,000 文字程度で執筆が可能だ（もちろん、ビジネスで執筆を行っているのでクオリティが要求されないといっても、商品として最低限のクオリティは要求される。ここでの「クオリティがあまり要求されない」というのは、極端に言えば「確実に 100 万部のベストセラーが期待できるような原稿」といった、クオリティ最優先の原稿ではないということだ）。

つまり、スピードとクオリティは変換可能なので、どちらかの能力がアップすれば、もう片方の能力もアップできる。ただ、これから能力アップを図るのであれば、スピードを優先して能力アップしたほうがよい、ということ。

なのでこの本は、文章の総合的なクオリティアップを最終目的としながら、表面的にはスピーディーな文章執筆術について解説していく。

さあ、それでは始めよう！　あなたが未来に見る世界を、あなたの文章で変革可能なものへと変化させようじゃないか。

2019 年 2 月　田中 一広

CONTENTS

はじめに ……………………………………………………… 002

第1章
電撃の文章術

1. 「文章術」を学ぶ意味ってなんだ!? ……………………… 012
2. これから文章を学ぶことのメリットってなに? ……… 016
3. プロは何が違う? 文章のクオリティとは ………… 018
4. 高速で文章を書く! 電撃の文章術 …………………… 022
   - ■ 言葉のストックには"横と縦"がある ………… 023
   - ■ 文章作成のステップを理解する ……………… 025
     - ① 書くネタがないから書けない場合 ……… 026
     - ② どのように文章を構成したら
         いいかわからない場合 ……………… 027
     - ③ どのように表現していいかわからない場合 … 027
5. ボキャブラリーを増やすには凝った表現を諦める …… 028

第2章
「デコ」と「ネタ」

1. 文章の「デコ」とは?
           どうやって文章を表現すればいい? ………… 032
   - ■ わかりやすい文章を書くための文章表現 ………… 032
     - ① 複雑レベル1(超基本形)AB形 ………… 033

② 複雑レベル2　DADB 形 …………………… 034
③ 複雑レベル3　DADB by DADB 形 ………… 034
④ 複数の情報が入り混じった状態を
　　　　　　　複数の文章に整理する …… 035
⑤ 語尾は揃えよう！ …………………………… 037
■ 文章に魅力を込める！
　　　　クリエイティブな文章とは何か？ ……… 038
① 語尾を変化させることがリズムを生み出す … 039
② 名詞や動詞を変化させることが
　　　　　　　　　リズムを生み出す …… 039
③ たとえ話（比喩）を盛り込む …………………… 040
④ ディティールを具体的語る …………………… 041
■ 文章の「ネタ」とは？
　　　　どうやって手に入れればいい？ ………… 042

●コラム：自分の中の天使と悪魔が
　　　　　おもしろいコンテンツを作る …… 044

第3章
電撃の文章術の中核、「カタ」

1. 文章の「カタ」とは？ ………………………………… 046
　■「メリハリ」とは ……………………………………… 046
　■「サスペンス」とは …………………………………… 048
　■「スリル」とは ………………………………………… 051
　　① 焦らしのテクニック ……………………… 052
　　② 裏切りのテクニック ……………………………… 053
　■「メリハリのリズム」とは ……………………………… 053
　■読み手に影響を与える4つの「カタ」 ……………… 054

7

①「成功の達成感」「困難への挑戦」を
　　　　　　　　　　　描くのに適したカタ …… 054
　　②「怖い話」「泣かせる話」を描くのに
　　　　　　　　　　　　適したカタ …… 057
　　③「笑わせる話」を描くのに適したカタ ………… 059
　　④ 商品やサービスを売り込むのに適したカタ … 061
■「ネタ」「カタ」を組み合わせて記事や
　　　　　　　　物語の構造を作り上げる …… 067

第4章
「お客さんの問い」が情報のキー

1. 情報としての価値（＝ネタ）」に
　　　　　　価値が求められるジャンル … 070
■「リサーチ」……「問い」を手に入れよう ………… 071
　　① ターゲットユーザーを決める ……………… 072
　　② 調べる ……………………………………… 072
　　　Ⅰ.「ターゲットユーザーについて」の
　　　　　　　　　　　　　リサーチ …… 073
　　　　・ターゲットユーザーに聞く ……………… 074
　　　　・リサーチサービスを使う ……………… 075
　　　Ⅱ.「商品・サービス・情報について」の
　　　　　　　　　　　　　リサーチ … 076
　　　　・ネットで検索する ……………………… 077
　　　　・自分で利用する ……………………… 077
　　　Ⅲ.「市場について」のリサーチ …………… 078
　　　　・その業界に関する書籍を20冊ほど読む … 078
　　　　・プレスリリース配信サイトから
　　　　　　その業界の最新情報を受信する … 080

③「問い」を手に入れるためのツール
　　　　　　　　　「マンダラ式発想法」 … 081
■「マンダラ式発想法」とは ……………………… 081
■ ターゲットユーザーの問いを深堀りする ………… 083
■「カタ」を使って「問い」を並べ ………………… 084
■「ネタ」を使って「問い」に回答する …………… 088
■「デコ」を使って「記事」を完成させる ………… 088

●コラム：わかりやすい文章を書く！
　　　　　　　　オススメトレーニング方法 ……… 090

第5章
「お客さんが味わいたい感情」が物語のキー

1. お客さんは何にお金を払う？
　　　　　　　お客さんが味わいたい「感情」とは … 092
■「ベタ」と「新しさ」……感情を刺激する
　　　　　　　　　　　"出来事"とは … 093
■「カタ」に従って「出来事」を並べ
　　　　　　　　　「物語の構成」を作る … 097
■ 登場人物を作成する ……………………………… 099
■ キャラクターの履歴書を作る …………………… 104
■ キャラクターの特徴を作ろう …………………… 109
■ 物語よりキャラクターを優先 …………………… 110
■「物語の構成」の構成に従って文章を書く ……… 111

●コラム：トレーニングが続かない？
　　　　　　トレーニングを継続するには … 112

第6章
文章を鍛えるトレーニング

1. 文章のクオリティを上げる！ 文章術トレーニング …… 114
   - ■ データを把握する ………………………………… 114
   - ■ DPCサイクル …………………………………… 116
2. より上のクオリティを目指すには？ ………………… 120

第7章
文章術で稼ぐには？

1. どうやって稼ぐ？ 文章で稼ぐ方法 ………………… 130
   - ■ 作家、ライターとはサービス業 ………………… 132
2. 収益をアップさせるには？ ライティングの価値とは … 135
   - ■ 手に入れたい専門知識の本を20冊ほど読む …… 136
   - ■ 調べた専門知識を自分の知っているネタと
     組み合わせてブログで配信する … 137
3. 案件を獲得するためには？ ライターの営業手法 …… 138
   - ■ オウンドメディアを持つ ………………………… 140
   - ■ クライアントとなる営業先を探す ……………… 140
4. 永続的に案件を獲得し続けるには？
   　　　　　　　　　ライターの経営戦略 ………… 143
   - ■ 必要なのはマーケティング ……………………… 144
   - ■ 理想のクライアント像とは ……………………… 144
   - ■ クライアントをリサーチする …………………… 145
   - ■ クライアントにとってのあなたの「価値」とは …… 147

おわりに ……………………………………………………… 150

第1章

電撃の文章術

「文章術」を学ぶ意味って何だ!?

　ところで、今さら文章術を学ぶことに、何か意味があるんだろうか……？

　「あなたが未来に見る世界を、あなたの文章で変革可能なものへと変化させようじゃないか」なんてのたまった直後に大変恐縮ではございますが、でも今って、本当に世の中が激変してるからね。

　自動運転自動車や人工知能、ロボットにインターネットを使った遠隔操作。当然、文章だって人工知能が書けるようになっちゃう。まさに未来到来だ！　……だけどその一方で、いろんな仕事がなくなりそうでもある。

　だって、人工知能が文章を書けるんだったら我々ライターはいらない。実際問題、潰れるなんて想像もしなかったような超大手企業が倒産したり、買収されたりしている。銀行も大量のリストラ。さらには、多くの企業が副業を解禁し始めていて、"仕事の在り方"は現在進行形で大きく変化している。

　あなたもこれまでの秩序が崩れ、混沌とし始めた世の中に不安を感じているのではないだろうか。

　こんな中で文章術なんて覚えても無駄なんじゃないか。もっとほかのことを覚えたほうがいいんじゃないか……？

　結果から言えば、「文章術を覚えて損はない」。

　何故そんなことが言い切れるのか？　それはもちろん、この本が文章術の本だから。文章術の本で文章術を否定してしまっては、存在意義がなくなってしまう。だから、文章術を覚えても何の意味も

ないですよなんて、口が裂けても言えないのだ！
　……なーんて、さすがにそんな理由で「文章術を覚えて損はない」と言っているわけじゃない。何故文章術を覚えて損がないのかといえば、文章術とはコミュニケーション術だからだ。
　この先、どんなに文明が進化しようと、人間が生物である以上、食べることや排せつ、睡眠や性行為といったものを捨てることはできない。これと同じようにコミュニケーションを捨てることはできないのだ。
　どういうことか？
　心理学によると、人間は"ある集団に属したい！"という「所属欲求」と、"ほかの人に認められたい！"という「承認欲求」を持っている。この２つの欲求は超強力だ。
　まず「所属欲求」から説明しよう。たとえば、「特に自分の母校への愛着なんてないし、会社も生活費を稼ぐために行っているだけ」という人がいたとしよう。
　一見、「どこかの集団に所属したい！」なんて「所属欲求」は全く持ってなさそうだ。
　でもそういう人が、日本がオリンピックに出て金メダルを取った……なんてニュースを聞いて笑顔になったり、或いは地元の料理をけなされた瞬間、激怒したりする。
　つまり、積極的に「どこかの集団に所属したい！」と思っていなくても、実際には誰しも"何らかの集団としての価値観"を持ってしまっているのだ。
　「承認欲求」についてもそう。
　"ほかの人に認められたい！"というと、「小説の大賞を受賞して、沢山のファンからファンレターをもらった！」みたいな大事を想像するかもしれないが、そうじゃない。

ほかの人が自分に興味を持ってくれて、真剣に話を聴いてくれる……それだけで「承認欲求」が満たされることは多い。
　それだけ。たったそれだけなのだ。
　でも、キャバクラやスナックの常連になるのは何故かといえば、「自分に興味を持ってくれて、真剣に話を聞いてくれる」からだろう。たったそれだけのことで、ビジネスが成立するのだ。
　また、熟年離婚の危機に陥るのは、「旦那さんが生返事ばかりで奥さんの話を真剣に聴かない」というコミュニケーション不全の状況がウン十年続くことに起因していることが多い。「たったそれだけ」のことが人生に与えるインパクトは大きいのだ。
　人類がこうした「所属欲求」と「承認欲求」を捨て去れない以上、これらの欲求を満たしてくれる"人間とのコミュニケーション"もまた、捨て去れない。
　実際、この20年を見渡すとインターネットを使った様々な技術が登場しているが、人々がメインで利用してきた機能は「メール」「SNS」「LINE」……と、どれもこれも"人間とコミュニケーション"するための機能。技術自体は物凄く進化しているように感じるが、人間が求めるものは何一つ変化していないのだ。なので、この先技術がどれだけ進化したとしても、我々は"人間とのコミュニケーション"を求めずにはいられない。
　このことは、ビジネスというフィールドにおいても同様だ。
　「ビジネス」というのは「売りたい」「作業を依頼したい」といった要望を実現するため、お金と「購入する」「作業をする」といった要望実現のためのアクションとを交換する行為。お金が絡むものの、これ自体一種のコミュニケーションだ。
　なので、ビジネスが続く限り、そこにコミュニケーションは発生する。そしてビジネスがなくなるときというのは、人類から一切の

第1章　電撃の文章術

要望がなくなるとき。さすがにそんな日がくることはない……というか、そんな日が来たとしたら、人類滅亡の日以外の何物でもない。ためしに、超・人工知能みたいなものが未来の世界に出現し、世の中から"ビジネス"がなくなった世界を想像してみよう。

まだ人間は「食べ物がほしい」「服がほしい」といった要望を持っている。それを、超・人工知能が叶えてくれるわけだ。ほかの人間とコミュニケーションして食べ物や服を購入する必要はない。

この場合、コミュニケーション術である文章術も不要だ。しかし、こんな世の中になったとしたら、そもそも文章術どころか、あらゆる仕事に関する技術が不要になっている。文章術じゃなくてほかの技術を学んでおけばよかった……なんてことにはならないわけだ。

要するに現実的に考えれば、日々の暮らしというフィールドにせよビジネスのフィールドにせよ、人類が生き続ける限り、コミュニケーションはなくならない。だから、「コミュニケーション術」である「文章術」もまた、不要になることはない。

安心して学びの一歩を踏み出してほしい！

これから文章を学ぶことの メリットってなに？

　今から文章術を学んでも、意味のないものになって努力がムダになるということはない。
　これからも十分通用するものだということがわかった。
　ただ具体的に、文章術はあなたへどんなメリットをもたらすのだろうか？
　これから文章術を学ぶうえで、あなたにどんな得があるのかを知っておくことは超重要だ。
　なんといっても、モチベーションが高ければ高いほど、学習効果も高くなる。
　もちろんあなたは、自分の目的のために文章術を学びたいと思ってやる気満々なことだろう。
　でも、メリットが明らかになれば、そのモチベーションをさらにさらに高められるハズだ。
　まず、文章術を学ぶことであなたが手にするメリットの1つが、文章を仕事にできる可能性が高くなることだ。子供のころから文章を書く仕事に憧れていた……なんて人であれば、夢を叶えることができちゃう！
　もちろん、単にお金を稼ぎたいという人であっても、その目標を達成することができるだろう。
　とりわけ、いろんな事情によって場所を選ばず仕事がしたい……という人にとっては、文章の仕事はうってつけ。
　ノートPCがあれば……いや、今やスマホがあれば場所を選ばず文章執筆ができる。

場所を選ばないので、もちろん在宅で子供を育てながら仕事をする……というケースにも向いている。
　次に、現在会社員として仕事をしているという人なら、出世したり、給与アップしたりといった可能性が高くなる。
　というのも、先に書いた通り、文章術とはコミュニケーション術。社内で営業結果を報告するメールにも文章が必要だし、企画をプレゼンテーションする際にも文章が必要だ。
　なので、文章術によって伝え方を学ぶことができれば、社内での仕事の効率がアップし、出世や給与アップにつなげることができるだろう。
　最後に、自分で商品やサービスを売る際に、安定して売り上げを上げることができるようになる。
　人を感動させ、ときに動かすこともできるのが文章術。
　だからこそ、ダイレクトメールやテキスト広告というものが"いまだに"存在しているのだ。
　つまり、自分で商品やサービスを売る人が文章術を学べば、収入を安定化させる技術が手に入るということ。

「夢をかなえた未来」
「出世・給与アップ」
「安定した収入」

　文章術を学ぶことであなたが手に入れられるものは、この３つだ。

プロと何が違う？ 文章のクオリティとは

　文章を書こうとすると、まず真っ先に、文章のクオリティが必要だと考えるかもしれない。

　文章のクオリティ……人によっては「文章力」という表現で呼ぶことがある。

　確かに、文章がまったくワケのわからないものだったら、内容がまったく伝わらないか、情報が誤って伝わってしまう。

　たとえば、古典文学『枕草子』の「春はあけぼの、ようよう白くなりゆく山際、少し明かりて」。

　これなんて、千年の時を超えて残っているくらいだから、超絶文章クオリティといっても過言ではない。でも、現代文として翻訳されていなければ、まったく意味がわからない。

　古文の授業を休んでいて『枕草子』を知らない人が上の文章を見たら、ほぼ確実に、理解できないか間違った意味で認識するだろう。相手に間違った認識を与えてしまうようでは、コミュニケーションは成立しない。なので、文章を書くうえで、読み手とのコミュニケーションを成立させるための最低限の「文章力」は必要だ。

　ただこれは、食べ物であれば「お腹を壊さずに食べられるレベル」が必要ということに近い。

　「優れた文章力」……食べ物でいうと「美食レベル」が必要かというと、必ずしもそんなことはない。

　実際に、飲食店を見てほしい。確かに、日本には美味しい飲食店が多い。だが、どこもここも美食レベルに美味しい飲食店か？……というと、そうではないだろう。

また、美食レベルじゃなければ経営が続けられないか？ ……といえば、そんなこともない。味はそこそこだけど料理の提供が早い立ち食いソバ屋だとか、味はそこそこだけど安くて量の多い大衆食堂みたいな飲食店でも人気の店はある。

文章も例外ではない。

そもそも文章の価値には、3つの方向性がある。
「情報としての価値（＝ネタ）」「構成としての価値（カタ）」「文章力としての価値（デコ）」だ。そして、商品としての完成形によって、重視される価値が違っている。どんな風に違っているか？
たとえば、ニュースは最も「情報としての価値（＝ネタ）」が求められるジャンルだ。
事件があったのかなかったのか、地震の震度がいくつだったのか、津波の恐れがあるのかないのかを伝えるのに、その場にいるかのような臨場感を再現する文章力も、抒情感タップリに心に染みる文章力もいらないだろう。
簡潔に、事実を伝えてくれればそれでいい。
一方、詩や小説……それも純文学は、「文章力としての価値（デコ）」が求められるジャンルだ。
たとえば、作家・夢野久作が『猟奇歌』という作品で記した表現で、次のような素晴らしいものがある。

闇の中に闇があり、その中にまた、闇がある。その核心から、血潮滴る。

……夢野久作「猟奇歌」より

黒を煮詰めたような漆黒、さらにその奥の光さえ届かない闇から、鮮やかな赤い血が流れるビジュアルが、目の前に浮かんでくる……。なんとも鮮烈な表現だ。
　これをただ単に「真っ暗な闇の中央から血が流れていた。」と表現したら、どうだろう？
　原文では「闇の中に闇」と言っているが、厳密には闇の中に闇などありえない。闇といったら闇だ。真っ暗なのだから、真っ暗な中に真っ暗など意味不明だ。
　つまり、「闇の中に闇」というのは暗さを表現する言い回しに過ぎない。なので、シンプルに「真っ暗な闇の中央」と表現しても、情報的には同じはずだ。
　ところがどうだろう、「真っ暗な闇の中央」としたときのこの感動しなさ加減！　まったく情緒のかけらもない！　全アメリカを泣かせるどころか、過疎化が進むカンザス州の限界集落を泣かせることすら無理だろう！
　そもそも「闇から血が流れている」という事実に、「情報としての価値（＝ネタ）」はないのだ。
　「闇から血が流れている」と言われて「得した！」と思うこともなければ「逃げなきゃ」と思うこともない。
　つまりこの詩は、「文章力としての価値（デコ）」によって作品全体の価値が作られている。「闇の中に闇」という表現から、闇がどれだけどす黒いのかを想像し、その中から流れる血潮の鮮やかさを感じる。闇と持つ怖さ、おぞましさ。鮮やかな血が対比する艶めかしさ。これらを作り出しているのが「文章力としての価値（デコ）」なのだ。
　ところで試しに「文章力としての価値（デコ）」をニュースに適用してみるとどうだろう？

第1章　電撃の文章術

震度6クラスの地震が起きた際のニュースで……

「東京の街が、震えました。それはまるで、地球が怒りに震えているかのような轟々とした揺れ。
揺れのために視界がぐにゃりと、飴のように曲がってしまったかと思うほど……。
人間の所業が地球の逆鱗に触れたのかもしれません…」

……な〜んて伝えられたら？
わかりにくくてたまったもんじゃない。
かろうじて東京で何かがあったことは把握できるが、地震なのか、爆発事故なのか、あるいは爆破事件なのか、何が起きたのかわかりにくい。地震だとしたら震度はいくつなのか、津波の恐れがあるのか、東京のどこから近郊どの範囲にかけて影響があるのか、逃げる必要があるのかないのか、さっぱりわからない！
ニュースを見ている誰もが「もっと端的にわかりやすく伝えてくれ！」と思うだろう。
つまりまとめると、ニュースや小説などなど、商品としての完成形が何かによって文章に求められる価値は異なっており、完成形に応じて「情報としての価値（＝ネタ）」「構成としての価値（カタ）」「文章力としての価値（デコ）」のどこに注力するかも変わってくるということなのだ！

高速で文章を書く！
電撃の文章術

　これまで文章執筆にチャレンジしてきたけど、どうしても書けない……。
　あなたもそんな悩みをお持ちだろうか？
　もしそうなら、その悩みはいくつかのパターンに分かれている。

　最初の段階は、あなたの中に言葉のストックが不足しているという段階だ。
　あなたがそもそもビジネス文章だろうが日記のようにプライベートな文章だろうが、1000字程度のまとまった文章を書くというだけで四苦八苦する……という場合、この段階にいる可能性が高い。もしそうなら、言葉のストックを増やす必要がある。
　文章は、どんなものであっても、自分の内側にある言葉を組み合わせて表現する必要がある。なので、あなたの内側に言葉のストックがなければ、当然ながら文章を作るのに苦労してしまう。
　我々は、言葉だけでコミュニケーションしているわけではない。たとえば、日常生活で「美味しい」と言うとき、声のトーン、声の大きさ、表情、体の動きなどなど、様々な要素がコミュニケーションに関わっている。驚いたような表情で、大きな声で、立ちあがりながら「美味しい」と言ったなら、それを見た周囲の人は「驚くほど美味しかったのだろう」と思うだろう。
　一方、無表情で、ボソボソつぶやくように「美味しい」と言ったなら、それを見た周囲の人は「本当は美味しくないのに、無理して美味しいと言ったのかな？」と思うかもしれない。

つまり、日常生活でコミュニケーションする際、実は言葉の占める影響はそれほど大きくないのだ。だから、使っている言葉の種類がそれほど多くなくてもコミュニケーションが成立してしまう。

　ところが、文章で書くとなると、声のトーンや声の大きさ、表情、ジェスチャーといったものに頼ることはできない。言葉の組み合わせだけで表現しなければいけないのだ。だから、言葉のストックが少ないと「書けない」となってしまう。

■言葉のストックには"横と縦"がある

　ちなみに、言葉のストックには「横のストック」と「縦のストック」がある。

　「横のストック」というのは、言い換えればジャンルの違い。「美味しい」と「面白い」のように、全く異なる表現をするための言葉のストックが、「横のストック」だ。

　一方、「縦のストック」というのは、同じジャンルの中での表現の違い。たとえば、『ハチ公物語』と『フランダースの犬』は、どちらも犬を主人公とした物語で、どちらも感動的な作品だ。

　日常生活で『ハチ公物語』と『フランダースの犬』の感想を聞かれたら「泣ける」「感動した」と同じ言葉で済ませることもできるだろう。でもたとえば、もしあなたが映画の批評を行うライターだったとしたらどうだろう？

　『ハチ公物語』と『フランダースの犬』のどちらも「泣ける」「感動した」では、原稿は成立しない。確かに「泣ける」「感動」という観点では『ハチ公物語』も『フランダースの犬』も一緒かもしれないが、2つの作品では「泣ける」質や「感動」の質が異なるからだ。なので、「泣ける」「感動」を表現するための別の言葉のストックが必要になる。

たとえば、『ハチ公物語』なら「帰ってこない人をひたすら待つ寂しさに心が痛み、自然と涙が出た」、『フランダースの犬』なら「ルーベンスの絵を見れたことはネロにとって救いだったと思うが、ひたすら善くあろうとしたネロが報われないことに、悔しさの涙があふれた」なんて表現すると、両作品とも同じように「泣ける」ことが伝わりつつ、質の違いがわかる。

　要するに、同じジャンルを表現する言葉でも、「より具体的な言葉」と「より抽象的な言葉」があるわけだ。

　自分の内側に「言葉のストック」を増やすうえでは、ただ本を「読む」だけじゃなく、「書く」必要がある。文章は筋トレのようなもので、ただやり方を読んで知っただけではいつまで立っても実力がアップしない。実際にダンベルを持ち上げたり、スクワットしたりといったアクションが必要なのだ。

　効率よく「言葉のストック」を増やすためにオススメなアクションが、同ジャンルの本を複数読み、その感想やまとめを自分で書いていくこと。「ホラー」と「料理」と「コンピューター」のように複数のジャンルではなく、同ジャンルというのが肝だ。

　同ジャンルの本を読み、その感想を書いていくと、自然と「縦のストック」は増えていく。『ハチ公物語』と『フランダースの犬』とは同じように「泣ける」けど、どう違うのか？　スティーブン・キングの『IT』と、横溝正史の『病院坂の首括りの家』はどちらも「怖い」が、怖さの質はどう違うのか？

　同ジャンルの感想を書こうとすると必ずこうした壁にぶつかり、「縦のストック」が増えていく結果になるのだ。

　逆に異なるジャンルの本を読んだ場合、こうした壁にぶつからない。この結果、「横のストック」は増えるものの、「縦のストック」は増えない。けど、実際に文章を書くうえでつまづきやすいのは

「縦のストック」不足だ。「縦のストック」が不足すると、極端な話、泣ける話は全部「泣ける」としか表現できなくなってしまう。それではまとまった長さの文章を書くことは難しい。

　最初は週1冊程度のスパンでいい。同ジャンルの本を読み、その感想やまとめを自分で書いていくことを習慣づけよう。

　ちなみに、読む本はファッション誌や漫画といった絵の多い本ではなく、文章で状況を説明している活字の本にしよう。というのも、自分の内側に言葉のストックがない状態なので、まずは外側＝本から言葉のストックを得なければならない。ところが、絵の多い本は言葉でなく絵で説明しているため、言葉のストックを得ることができないのだ。

■文章作成のステップを理解する

　もしあなたが、言葉のストックが不足している段階を乗り越えているなら、次にぶつかるのは、文章作成のステップを理解していないという段階だ。

　家を建設する場合、「よし、今から作るか！」といっていきなり木材を購入し、ノコギリで切り始める……という人はいない。通常は設計図を作り、設計図から必要な材料を割り出して材料を調達し、材料が揃ったら必要に応じて切ったりヤスリにかけたりといった加工行い、最後に組み立てを行う。……つまり、作成のステップがあるわけだ。

　これは家の建設のように大掛かりなものに限った話じゃない。料理にしたって、まずレシピ案をまとめ、材料を調達し、下準備をしてから蒸す、焼く、煮るといったアクションを行う。もちろん、日常的に食べる料理であれば冷蔵庫を開けて中にあった材料を適当に組み合わせて食べちゃうということもあるだろう。しかし、商品と

して提供する料理であれば、必ず作成のステップがある。

文章も同様だ。メモや日記と言った個人的な文章であれば、別に好きなように書けばいい。しかし、人を楽しませたいだとか、沢山の人に読んでもらいたいだとか、ビジネスに使用だとかいった、ある程度のクオリティが求められる文章には、作成のステップが存在する。

文章作成のステップを理解するうえで重要なのは、文章の価値を「情報としての価値（＝ネタ）」「構成としての価値（カタ）」「文章力としての価値（デコ）」の３つに分けて理解することだ。

「言葉のストックは十分あるのに文章が書けない」場合……

・書くネタがないから書けない、
・どのように文章を構成していいかわからないから書けない、
・どのように表現していいかわからないから書けない

……という３つの原因が考えられる。

①書くネタがないから書けない場合

「書くネタがない」というケースは、たとえるなら「何の事件も事故もスポーツもないから、ニュースで報道する内容がない」……ということだ。

そもそも伝えるべき内容がない。なので、どんなに机の前でウンウンうなっていても解決しない。

「情報としての価値（＝ネタ）」を手に入れるために情報収集したり、取材したりといったアクションが必要だ。

②どのように文章を構成したらいいかわからない場合

「どのように文章を構成していいかわからない」というケースはつまり、「文章を伝えるために効果的な順番を知らない」……ということ。

たとえば推理小説を思い出してほしい。推理小説は、殺人事件から始まり、捜査シーンに入って情報を入手し、二番目、三番目の殺人が起きて最終的な手がかりを見つけ出し、最後に登場人物全員を集めて「この中に犯人がいる！」……というかたちで展開する。

何も推理小説だけが特別というわけじゃない。恋愛モノなら2人の出会いから始まり、好意に気づくところを描き、関係が発展するかと見せかけて障害を用意。2人が一緒に障害を乗り越えるところを描いて交際成立……というかたちで展開する。

物語以外なら、eメール。たいていのメールは相手の名前から始まり、挨拶と共に自分が誰か書き、要件を書いて「よろしくお願いします」で締めるかたちで展開するだろう。

つまり、たいていの文章には基本的な流れが存在しているのだ。この基本的な流れこそが「構成」。

もし「構成」がわからないなら、知ればいい。構成の基本形である「構成としての価値（カタ）」にどんなものがあるのかを知ればいいのだ。

③どのように表現していいかわからない場合

最後に「どのように表現していいかわからないと」いうケース。

このケースは、「結婚してください」という告白の言葉をどう伝えるのか悩んでいるようなものだ。

昭和の男尊女卑の時代じゃあるまいし、「毎日ぼくの味噌汁を作ってください」なんて告白は今時あり得ない……。

かといって、一生に1回の記念すべきイベント（多分）だから、

フツーに「結婚してください」では芸がない……。

この悩みは、恐ろしく時間がかかる。

何故なら、本来の「伝えるべき意味」とは別の言葉を使いつつ、本来の「伝えるべき意味」を伝えようとしているのだ。

言ってみれば目的地を直接目指すのではなく、別方向に向かいながら、でも同じ目的地に着け……といっているようなもの。無理難題ってヤツだ。

このケースを解決するためには、そもそもボキャブラリーを増やすか、凝った表現を諦めるかの決断が重要だ。

目的地を目指すというたとえになぞらえて言えば、ボキャブラリーを増やすというのは、道を沢山覚えるということ。目的地への直接ルートが通行止めになったとしても、裏道を沢山知っていれば、効率よく迂回できる。だから、道を沢山覚えよう……というわけだ。

道を覚えるためには地図を見たうえで実際にその道を辿るほかない。沢山の道を覚えようというなら、沢山の道を辿るしかない。なので、膨大な時間がかかる。

■ボキャブラリーを増やすには凝った表現を諦める

ボキャブラリーを増やす場合も同様だ。大量の本を読み、文章を執筆して血肉に換えていくという経験の蓄積が必要。もちろん、膨大な時間がかかる。

だから作家やライターといった職業の人間は、常に勉強を欠かさないわけだが、逆に言えばこの方法は即効性がない。なので、まさに今、文章を書かなければならないという場合には使えない。

今すぐ文章を書く必要があるのなら、現実的には凝った表現を諦めるしかないだろう。

凝った表現を諦めて今自分の使えるボキャブラリーだけで文章を書けば、スラスラ書けるハズだ。なんといっても、表現を探す時間がカットされるのだから。

「それじゃあ文章が味気なくなってクオリティが下がっちゃう？」

でも、考えてほしい。
　たとえばプロポーズで、「告白の表現がよかった」という理由"だけ"で結婚を決めるだろうか？
　プロポーズを受けるか受けないか？という判断の基準になるのは、それまでの交際経験の積み重ねのはずだ。
　何度もデートを重ね、相手の容姿や性格、趣味嗜好、経済的な考え方や子育ての価値観を知り、「一緒に暮らしていけそうだし、一緒に暮らしていきたい」という気持ちが芽生える。
　こうした積み重ねがあるからこそプロポーズを受けるのであって、積み重ねなしでただ単に「告白の表現がよかった」という一点突破でプロポーズを受けるわけじゃあない。
　1日で結婚を決断するお見合いの場だとしても、「告白の表現」だけで決める……なんてことはなく、短い時間ではあるものの、会話やたたずまいからわかる相手の人柄や価値観、相手の容姿、相手の経済状況などなどを加味して決めるはず。
　文章も同様だ。
　「情報としての価値（ーネタ）」「構成としての価値（カタ）」「文章力としての価値（デコ）」が組み合わさって文章全体の価値となる。
　したがって、表現＝「文章力としての価値（デコ）」"だけ"にこだわってもあまり意味はない。
　もちろん、小説や詩のように「文章力としての価値（デコ）」が

価値のメインというケースではこだわる意味がある。しかし、たいていの文章では「情報としての価値（＝ネタ）」のほうが重要度が高い。なので、「文章力としての価値（デコ）」にこだわってなかなか完成しないよりは、凝った表現を諦めて完成を目指したほうが、たいていの場合、よい結果を生むだろう。

そうはいっても、気の利いた表現を盛り込みたい！

そう思うなら、最も重要な情報を伝える一言や、最も大切なシーンを描く文章に絞って、こだわりの表現を使うようにしよう。

すべての文章表現にこだわるのではなく、部分的にこだわるということだ。

こだわる部分のボリュームを少なくすることで、スピードをアップする……これならスピードを保ったまま、文章表現を向上させることが可能だ。

こうやって「情報としての価値（＝ネタ）」「構成としての価値（カタ）」「文章力としての価値（デコ）」というそれぞれの要素ごとに対策を考えることで、現実的な行動へと落とし込むことが可能だ。

現実的な行動へ落とし込むことで、書けるようになるうえ、スピードもアップする。

つまり、「情報としての価値（＝ネタ）」「構成としての価値（カタ）」「文章力としての価値（デコ）」という3つの要素に分けることこそが、文章の高速執筆……ライトニングライティングの中核なのだ。

第2章

「デコ」と「ネタ」

 どうやって文章を表現する？「デコ」とは

　文章の高速執筆……ライトニングライティングの中核となっている3つの要素、「情報としての価値（＝ネタ）」「構成としての価値（カタ）」「文章力としての価値（デコ）」。

　このうち目に見えてわかるのが「文章力としての価値（デコ）」だ。「文章力としての価値（デコ）」と書くと1つの価値観のようだが、実際には「わかりやすい文章」と「クリエイティブな文章」という2つの価値観が存在している。

　まずは「わかりやすい文章」から解説しよう。

■わかりやすい文章を書くための文章表現

　超〜シンプルに言うと、わかりやすいというのは、「何があったか？」を即座に把握できるということ。

　「何があったのか？」……つまり、「事実」だ。

　「事実」を示す要素は6つある。きっとあなたもこれまでに聞いたことがあるだろう。「5W1H」というやつだ。

　いつ（When）、どこで（Where）、だれが（Who）、なにを（What）、なぜ（Why）、どのように（How）という6つの要素が含まれていることで、「事実」を的確に整理することができるというものだ。

　なので、「5W1H」を使うと、文章をわかりやすくすることができる。ただ……実は、文章を書いていると、あらゆる文章に「5W1H」が含まれているかというと、そうではないということに気づくハズ。文章によってなぜ（Why）がなかったり、どのように（How）がなかったり……ということがあるのだ。

また、「5W1H」の要素すべてがあったとしても、読んでみると意外にもわかりにくい文章というケースもある。
　こうした状況へ対処するためには、あらゆる要素を省いた文章の超基本形から覚える必要がある。超基本形を覚えて、そこに要素を追加するかたちで、より複雑な文章を作っていくのだ。
　この作り方をすることで、"自分がどの程度複雑な文章を作っているのか？"を常に把握することができる。

　当然ながら、複雑な文章であればあるほど、「わかりやすさ」からは遠ざかってしまう。
　もちろん、書こうとするネタがそもそも複雑であれば、表現するために複雑な文章を用いなければならない場合もある。
　そうした場合どうすればいいか？ は、のちほど「複数の情報が入り混じった状態を複数の文章に整理する」で解説するとして、まずは文章の超基本形から解説しよう。

①複雑レベル1（超基本形）　AB形

　文章の超基本形は、"A（主語）B（動詞）"のかたち。「5W1H」でいうと、だれが（Who）、なにを（What）が含まれている状態だ。
　たとえば、「マラソン選手が優勝した」みたいな文章。この文章は、"要するに何があったのか？"を端的に伝えるのに最も向いている。つまり、文章全体のメッセージを伝える力が強い。なので、文章の冒頭に使うのが効果的だ。
　ちなみに、この段落の冒頭、「文章の超基本形は、A（主語）B（動詞）"のかたち」も"A（主語）B（動詞）"のかたちになっている。

②複雑レベル2 DADB形

複雑レベルを上げた文章形が、"D（修飾詞）A（主語）D（修飾詞）B（動詞）"のかたち。

「5W1H」でいうと、だれが（Who）、なにを（What）を基本として、いつ（When）もしくはどこで（Where）のどちらかが2つ追加された状態だ。

たとえば、「まだ中学生のマラソン選手がオリンピックで優勝した」みたいな文章。この文章は、修飾詞が追加された分、具体的に状況を伝えるのに向いている。

修飾詞の数は主語と動詞それぞれ1個に絞ったほうがいい。ちなみに、主語と動詞それぞれに2つの修飾詞をつけると、以下のような文章になる。

> 「まだ中学生でスポーツ未経験だったマラソン選手が、オリンピックで圧倒的大差をつけて優勝した」

……どうだろう？ 理解できないわけじゃないが、読みにくくなってしまったのではないだろうか。

なので、わかりやすさを目指すうえでは、修飾詞の数は主語と動詞それぞれ1個に絞ったほうがいいのだ。

③複雑レベル3 DADB by DADB形

さらに複雑レベルを上げた文章形が、複雑レベル2の文章が2つ並んだかたち。ある事実を原因として、別の事実が引き起こされるようなケースだ。

たとえば、「まだ中学生のマラソン選手がオリンピックで優勝したことで、テレビを見ていた私は感動の涙を流してしまった」みた

いな。

　ニュースやコラムなどで用いられるのは、このレベルの複雑さまで。しかし、できればこのレベルの複雑さでも、避けたほうがいいだろう。

　というのも、わかりやすさで言えば、「わかりにくくはない」ものの、「わかりやすい」とは言えないからだ。どうしても、DADB by DADB 形の文章を書く場合、「」(かぎかっこ)や""(ダブルクォーテーション)で括るなどしたほうがわかりやすさはアップするだろう。あるいは、文字の装飾が可能なのであれば、太字や赤字にするなどしたほうがいい。たとえばこんな風に。

> 「"まだ中学生のマラソン選手がオリンピックで優勝した"ことで、テレビを見ていた私は感動の涙を流してしまった」

④複数の情報が入り混じった状態を複数の文章に整理する

　ここまで紹介してきた複雑レベルを踏まえたうえで、わかりやすい文章を書くなら、「複雑レベル2 DADB形」程度の複雑さにまとめたほうがいい。

　しかし、これがなかなか難しい。というのも、文章で伝えようとしているもとの情報そのものが複雑……ということが多いからだ。

　このことをよく表しているのが「5W1H」の"なぜ(Why)"の要素。これまであえて触れてこなかった要素だ。

　何故、触れてこなかったのかと言えば、理由を書こうとした瞬間、シンプルに表現するのが難しくなるからだ。

　「もとの情報そのものが複雑ということが多い」と書いたが、とりわけ「理由」というのは複雑なことが多い。なぜなら事件でも事故でも、たった1つの原因で引き起こされることは稀だからだ。多

くの場合、複数の原因が入り混じって事件、事故が引き起こされる。なので「理由」を表現しようとすることは、イコール、複数の絡み合った情報をシンプルに文章化しなければならない……ということ。当然ながらこいつは難易度は高い。

　こうした場合にどうすればいいか？
　答えは割と簡単だ。
　「複数の絡み合った情報」の問題点は2つ。「絡み合っていること」と「複数」ということだ。なので、まずは「絡み合っていること」を解きほぐそう。「複数の絡み合った情報」から「複数の情報」へと分割していくのだ。
　たとえば、複雑レベル3で書いたこの文章……「"まだ中学生のマラソン選手がオリンピックで優勝した"ことで、テレビを見ていた私は感動の涙を流してしまった」。
　この文章に含まれる情報を分割すると、次の複数の情報になる。

・私は感動の涙を流してしまった。
・私が涙を流した理由は、テレビでオリンピックの中継をみたから。
・オリンピック中継の種目は、マラソンだった。
・マラソンで優勝した選手は、まだ中学生だったのだ。

　いかがだろうか。これだけでも随分わかりやすさがアップしたのではないだろうか。分割すると、ひとつひとつの情報が明確になるからだ。
　ここまでくると文章化はカンタンだ。なぜなら「複数の絡み合った情報」をシンプルに文章化するのは難しいが、「1つのシンプルな情報」をシンプルに文章化するのは難しくない。実際、ここまで分解すれば、「複雑レベル2 DADB形」以下の複雑さでまとめるこ

第2章 「デコ」と「ネタ」

とができる。たとえば、次のように。

・私は感動の涙を流してしまった。
・涙の理由は、テレビでオリンピックの中継をみたから。
・オリンピックの種目は、マラソンだった。
・マラソンで優勝した選手は、なんと、まだ中学生だったのだ。

　この情報の分割という手法は理由を表現するケース以外にも使える。どんな文章であっても、「複雑レベル3 DADB by DADB 形」以上に複雑な文章になってしまう……というケースでは、「複雑レベル2 DADB 形」の文章複数に分割したほうがいいだろう。

⑤語尾は揃えよう！

　"ビジネスで"わかりやすい文章を書く際に、文章の形以外に気を付けるポイントが「語尾は揃える」こと。
　あとあと解説するが、これは「クリエイティブな文章」を書く際とまったく正反対のことを言っている。
　「クリエイティブな文章」を書く場合、基本的には語尾や表現を次々変えていく。たとえば、このような文章。

> 　「テリーは相手の鳩尾に渾身のパンチを叩き込んだ。相手の顔が歪む。すぐに拳を引いて2撃、3撃。殴る、殴る、殴る！テリーの鉄拳によって相手の顔は腫れ上がっていた。

　この文章では、「パンチ」「拳」「撃」「殴る」「鉄拳」など、どれも「殴る」という意味にもかかわらず、単語を変化させている。しかし、ビジネス文章で表現を変えたらどうなるか？

A社は"わが社の商品を買いたい"と発言、B社も弊社の商材に購入意向アリ。

　この場合、「商品」と「商材」では表現が違うので、異なる商品のことを言っている可能性が高そうだが実際のところどうなのか？　それとも、ただ単に表現に気を使う余裕がなく、同じことを違う表現で書いてしまったのだろうか？
　「買いたいと発言しているA社」と「購入意向アリのB社」は、どちらも購入意向があるように読み取れるが、表現が違うということは温度差があるということだろうか？　それとも、ただ文体にこだわらず書いてしまっただけ？
　つまり、ビジネス文章では表現や語尾が変わる＝そこに意味があるように見えてしまうのだ。もちろん、意味があるから表現や語尾を変えるというのならOK！
　でも、意味がないのであれば、表現や語尾は統一するのがわかりやすいビジネス文章を書くうえでの基本なのだ。

■文章に魅力を込める！　クリエイティブな文章とは何か？

　既に触れたように、小説や詩、コラムなどで使われるような抒情的で魅力的な文章＝クリエイティブな文章を書くコツは、わかりやすい文章を書く場合と180°逆！　わかりやすい文章とは文体から工夫を削ぎ落し、事実をありのまま伝えることに特化したもの。
　一方、クリエイティブな文章は、文体に工夫を凝らすことで魅力を作り上げているからだ。
　クリエイティブというのは、日本語に直訳すると「創造的」ということ。「創造」とはこれまでにないものを作り上げること。なので、

第2章 「デコ」と「ネタ」

クリエイティブな文章というのは、ゼロから紡ぎ出せなければならない。もちろん、人から教えられて身に着けられるようなものではない。だって、「教えることができる」＝「既に世の中に存在する」ということになっちゃうもんね！

ただ、クリエイティブな文章を生み出すための一定の法則のようなものは存在している。

①語尾を変化させることがリズムを生み出す

この「ライトニングライティング」の文体もそうだが、文が変わるたびに語尾＝文章の締めくくりが変化している。

「〜だ。」「だった。」「である。」「〜ている。」といったかたちに加え、文章の締めくくりを名詞で終える「体言止め」や文章の締めくくりを動詞の終止形で終える「用言止め」といった方法を駆使して、語尾を変えるのだ。

語尾を変えることで、読んでいる人にリズム感が生まれ、それが読んでいて「気持ちイイ」とか「楽しい」といった感覚に繋がる。

②名詞や動詞を変化させることがリズムを生み出す

語尾と同様、文中に登場する名詞や動詞を変化させていくことでもリズムが生まれる。既に紹介した「テリーは相手の鳩尾に渾身のパンチを叩き込んだ。相手の顔が歪む。すぐに拳を引いて２撃、３撃。殴る、殴る、殴る！ テリーの鉄拳によって相手の顔は腫れ上がっていた」という文章がそうだ。

この文章では、「パンチ」「拳」「撃」「殴る」「鉄拳」など、どれも「殴る」という意味にもかかわらず、単語は変化している。語尾や名詞や動詞を変えるためには、ボキャブラリーを増やすことが重要だ。

ではどうやってボキャブラリーを増やせばいいかというと、類語

を調べよう。類語辞典を買ってもいいし、インターネットの検索エンジンで検索してもいい。使いたい「名詞」や「動詞」に「類語」と追加して検索すれば、類語が表示される。

　たとえば「パンチ　類語」で調べると、出てくるのは「一撃・強打・打撃・スラッグ・痛打・ワンツー・素早い一撃を食らわせる・殴り付ける・ぶん殴る・喰わせる・食わす・どやす・どやしつける・撲つ・食らわす・食わせる」といった言葉だ。

　こうした言葉を文章に組み込むことを繰り返すうちに、徐々にボキャブラリーが増えていくだろう。

③たとえ話（比喩）を盛り込む

　文体を魅力的にするうえで重要なものの1つに、たとえ話（比喩）表現もある。たとえ話（比喩）があると、読者は自分で体験したことのない話であっても、頭の中でイメージすることが可能だ。

　この「イメージ」が魅力に繋がる。……というのも、"魅力"とは、"読者が読者自身の中で生み出すイメージ"だから。

　たとえば、作家・夏目漱石は「I LOVE YOU」のことを「月が奇麗ですね」という言葉に翻訳した……というエピソード。これは翻訳だけど、同時にたとえ話（比喩）表現にもなっている。この表現を読むと、読者の中で「愛している」という言葉のイメージと、「月」の持つ美しく柔らかな光のイメージが結びつく。この結果、「魅力的な表現だな……！」と感じられるわけだ。

　ただ、"読者が読者自身の中で生み出すイメージ"なので、ブレがある。たとえば「月」という言葉に対して、美しく柔らかな光のイメージを持っていない人もいる。そういう人であれば、「魅力的な表現だな……」とは感じないだろう。

　また、ブレる以前に読者の中にイメージが湧かないというケース

もある。たとえば、アフリカのある部族は「幽霊」という概念を持たない。そもそも人が死ぬと魂になるという概念を持っていないのだ。なので、幽霊が登場する映画を見せても、何故死んだ人間が再び物語に登場するかわからないのだという。

おそらく、物語冒頭から幽霊として登場しているキャラクターについては、「生きている」と認識するだろう。

こうした人に、幽霊の持つ恐ろしさや悲しさをイメージしてもらうことは不可能に近い。なので、たとえ話（比喩）を盛り込む場合は、読者が「どんなものを魅力的に感じているか？」を知っておくことがポイントになる。

④ディティールを具体的に語る

我々は、抽象的な物事よりも、具体的なものに魅力を感じる。

たとえば「ケーキ」と表現するよりも、「卵黄だけで作った甘く香ばしいスポンジをとろけるような生クリームでつつみ、みずみずしい苺を乗せたショートケーキ」と書いたほうが「美味しそう」というイメージは伝わりやすい。

一般の人がフツーに書く日記でもそう。ただ単に「今日は海に行った」ではなく、海でどんなことが起きたのか？　何を見たのか？　何を食べたのか？　何を聴いたのか？　何を感じたのか？　……が具体的に書いてあると、魅力的な日記へと変化する。

なので、文体を魅力的にしたい場合、ディティールを具体的に語ることがポイント。

具体的に語るためには、その文章の人物になったつもりで、目に何が映るのか、耳に何が聞こえるのか、鼻はどんな匂いをとらえるのか、味はどんな味か、肌や舌に触れた感触はどんなものか……という五感を順番に書いていくといいだろう。

■文章の「ネタ」とは？ どうやって手に入れればいい？

次は「情報としての価値（＝ネタ）」「構成としての価値（カタ）」「文章力としての価値（デコ）」のうち、「情報としての価値（＝ネタ）」を解説しよう。

「情報としての価値（＝ネタ）」とは、読者に伝えたい情報そのものだ。

文章を書く場合に、「ネタ」を自分の内側から作り出すのは難しい。自分の内面にある記憶はこれまでの経験がもとなのでどうしても上限があるからだ。

なので、自分の外側に目を向けよう！

自分の外側に目を向けると、途端にネタ入手の難易度は下がる。インターネット全盛の今、ネットで多くの情報が手に入るからだ。

とりあえず、以下のサービスを毎日閲覧するだけでも、「ネタ」が集まってくるだろう。

- **ValuePress**（https://www.value-press.com/）
- **Twitter トレンド**（https://twitter.com/）
- **Yahoo リアルタイム検索で話題のキーワード**
 （https://search.yahoo.co.jp/realtime）
- **Yahoo 知恵袋**（https://chiebukuro.yahoo.co.jp/）
- **グノシー**（https://gunosy.com/）
- **スマートニュース**（https://www.smartnews.com/ja/）

閲覧していて「これは！」という情報に出会ったら、実際に商品を買って体験したり、イベントに参加してみたり、当事者にインタビューしたり……といったかたちで取材をすることも重要だ。

ネットでの情報収集は手間が少なく便利だが、ネットを利用している人全員がその恩恵を受けている。つまり、その情報は誰でも知っている可能性が高い。あなただけの情報ではないのだ。

しかし、実際に取材をすれば、あなただけの情報を手に入れることになる。そう、「ネタのクオリティ」を高めるためには、取材が重要なのだ。

「ネタのクオリティ」を高めるための方法は、もう１つある。それは、自分の経験と絡めること。

たとえば、新たに行われる「婚活イベント」を「ネタ」にするとしよう。このとき、実際にその「婚活イベント」を取材しなくとも、過去に自分が婚活で苦労しただとか、過去にほかの婚活イベントに参加しただとかいった経験があれば、自分の経験そのものから「ネタ」を拾うことができる。

どうしても取材できない(取材したくない)というケースでは、「ネタ×個人的な経験」という掛け合わせをネタにしてしまうというのも手だ。

ただもちろん、実際に取材したうえで、自分の個人的経験と掛け合わせることもできる。そして、それが最も強力ということは言うまでもない！

自分の中の天使と悪魔が おもしろいコンテンツを作る

　何か行動を起こす際に、自分の中に天使と悪魔を感じたことはあるだろうか？

　たとえば勉強。頭の中では勉強をしなきゃいけないと理解しているのに、どうしてもスマホゲームで遊びたい！

　もしくは食事。体重のことを考えるとケーキなんか食べちゃいけないと思っているけど、生クリームの甘い誘惑の前に、食べたくて食べたくて仕方がない。特に夜中！

　「勉強をしなさい」「ケーキを我慢しなさい」とあなたの中の天使がささやき、一方で「遊んじゃえよ」「食べちゃえよ」と悪魔がそそのかす。う～ん、困った！

　これ、たいていの場合、天使はあなたの論理、悪魔はあなたの「感情」が担っている。なので、悪魔の言っていることというのは、他の人にも共感してもらいやすいことなのだ。ただその一方で、みんなが「ダメ」だと思っていることでもある。

　なので、「悪魔の誘惑」を「天使の論理」で跳ねのけるという構成にすると話は共感してもらいやすい。

　問題は、「天使の論理」の説得力だ。「悪魔の誘惑」は強力なので、よほど強い「天使の論理」がないと跳ねのけることができない。

　逆に言えば、「私はこうやって『悪魔の誘惑』を跳ねのけた！」という説得力が強いエピソードがあれば、それだけでかなり共感してもらえる文章が作れるということ。

　なので、文章に自分の経験を絡める際は、これまで自分の人生の中で、「悪魔の誘惑」をどんな「天使の論理」で跳ねのけたかイメージするのがコツ。こうやって発想すれば、自分の経験の中でも共感してもらいやすいエピソードを効率的に引き出せる。

　今後は、天使と悪魔に悩まされるようなことがあったらネタとしてメモるようにするといいだろう。使えるネタ帳ができあがるハズだ。

第3章

電撃の文章術の中核、「カタ」

文章の「カタ」とは？

　文章の高速執筆……ライトニングライティングの中核となっている3つの要素、最後の1つが「構成としての価値（カタ）」。

　思わず泣いてしまったり、大声で笑ってしまったり……。文章の中には我々の感情を動かすタイプの文章がある。こういった「感情を動かす文章」に最も影響を与えるのが「構成としての価値（カタ）」だ。

　たとえ「情報としての価値（＝ネタ）」がありきたりでも、「文章力としての価値（デコ）」が平凡でも、「構成としての価値（カタ）」がよくできていれば、作品の魅力を一定レベルまで引き上げることができる。それぐらい「構成としての価値（カタ）」は強力だ！

　「構成としての価値（カタ）」で押さえるべきポイントは、

・「メリハリ」
・「サスペンス」
・「スリル」

　この3つだ。

■「メリハリ」とは

　「メリハリ」とは、作品の中で、主人公の状況が有利な状況になったり、ピンチに陥ったり……といったことを交互に出現させることを意味している。

　映画でも小説でもゲームでもアニメでもいいけど、たとえば恋愛モノなら、最初から最後までずーっと思いが通じ合っている……

なんてことはない。キスするかしないか？ みたいな急接近シーンがあるかと思えばライバルが登場。告白して2人の気持ちを確かめ合ったかと思いきや、仕事の都合で一時離れ離れに……といったかたちで「関係接近！」と「破局するかも？」の間を行ったり来たりする。この行ったり来たりが、我々の心を動かすのだ。

何も恋愛ものだけじゃない。

ハリウッドのアクション映画も「メリハリ」が強力だ。主人公が事件の謎を解いた……と思いきや、悪の黒幕が登場して一転大ピンチ！ なんてシーン、一度は見たことがあるのでは？

この「メリハリ」は、日常生活の話を面白おかしく伝えることにだって使える。

たとえばクリスマスプレゼントをもらった話をする際、クリスマスにほしかったプレゼントをもらったというだけなら、単なる自慢話なので特におもしろくはない。

でも次のように、途中に「ピンチ」が挟まったらどうだろう……？

1）クリスマスに前から欲しかったプレゼントをもらえるかな……と期待していた。
2）ところが、クリスマスに恋人と大ゲンカ！ 破局寸前の状況になってプレゼントどころじゃなくなってしまう。
3）意地を張っていた自分を反省し、素直に謝ったら仲直りできた。すると、恋人は前から準備していたプレゼントをくれた！

えっ？ ほかのカップルがイチャイチャしていたって楽しくもなんともない？

……なら、次の話はどうだろう。

ペットが亡くなるというシチュエーションは誰にとっても悲しい

ものだが、「メリハリ」を使うことでより悲しさがアップする。

1）犬嫌いだったけど、嵐の前日に捨て犬を見て一時的に家へ連れて帰る。
2）ネット掲示板で里親を探していたが、犬がエサで喜ぶ様子や、自分が帰宅すると玄関までしっぽを振って迎えに来る様子を見て、犬が大好きに。
3）いつしか元気だった犬も老犬に。ある朝、呼びかけると静かに息を引き取っていた。もう、エサで喜ぶ姿も、しっぽを振って迎えてくれることもない……。

　この作品は、単に飼い犬が亡くなったことを伝えるだけなら、「3）いつしか元気だった犬も老犬に。ある朝、呼びかけると静かに息を引き取っていた。もう、エサで喜ぶ姿も、しっぽを振って迎えてくれることもない……。」だけで十分だ。
　しかし、嫌いな犬を引き取る（主人公にとって悪い状況）、犬が大好きになる（主人公にとって良い状況）という段階を付け加え、「メリハリ」を生むことで、グッと悲しさがアップしている。主人公の状況が大きく変化する「メリハリ」によって、我々の感情も大きく揺れ動くのだ。

■「サスペンス」とは

　次に「サスペンス」とは、2時間ほどのドラマで殺人事件が起き、最後は日本海の崖で犯人を追い詰めるアレのこと……ではない。「サスペンス」とは、「目的の明示」「時間制限の明示」「失敗したときのリスクの明示」によって、読者や観客に感情移入を促すテクニックだ。

第3章　電撃の文章術の中核、「カタ」

たとえば……

「現金1000万円をアタッシュケースに入れて渡せ（目的の明示）」
「時間は5時間以内（時間制限の明示）」
「遅れたり現金が用意できなかったりしたときには、子供の命はない（失敗したときのリスクの明示）」

　……というかたちがサスペンスに該当する。
　この例は「誘拐事件」を連想させるが、別に日常風景でもサスペンスは作れる。
　たとえば……

「クライアントの会社に行って打ち合わせをする（目的の明示）」
「打ち合わせ時刻は本日14時（時間制限の明示）」
「遅れたら契約を逃すことになる（失敗したときのリスクの明示）」

　……なんてのはサラリーマンにとって見慣れた日常だろうが、立派なサスペンスだ。
　また、サスペンスの中にサスペンスを入れ子にすることもできる。
　たとえば……

「宇宙帝国を倒す（目的の明示）」
「期限は1週間後（時間制限の明示）」
「失敗したり遅れると、完成したデスレーザーが放たれ、宇宙帝国に敵対する銀河連邦の星々は壊滅してしまう（失敗したときのリスクの明示）」

現実的に考えて……いやまあ、そもそも荒唐無稽な映画的設定なので現実的じゃないのだけれども、そこはそれとして、あえて現実的に考えて……この場合、いきなり宇宙帝国を倒すことはできない。まずは宇宙帝国の弱点を探し、作戦を練る必要があるだろう。ということで、さらに細かい次のようなサスペンスが作れる。

「宇宙帝国の弱点を知る情報屋に接触（目的の明示）」
「24時間以内（時間制限の明示）」
「失敗したり遅れると、情報屋が別の銀河へ移動してしまう（失敗したときのリスクの明示）」

　つまり、大きなタイムリミットの中で、細かくタイムリミットを区切っていくイメージだ。
　この手法が抜群に上手いのがハリウッド映画。
　『スターウォーズ』や『インディジョーンズ』『ジュラシックパーク』など、シリーズでヒットしている映画を注意して観てみよう。
　映画の主人公が何か1つ目的を達成すると、すぐ次の目的、制限時間や失敗したときのリスクが設定される。つまり、サスペンスが1つ終わるたびに、すぐ次のサスペンスを設定しているわけだ。
　もちろん、サスペンスをあまり使っていないのにおもしろかったり、ヒットしていたりという映画も存在している。そう考えると、サスペンスがすべてじゃないように思える。
　ここで意識しておきたいのは「意図的におもしろさを作り出せるのか？」という点。
　才能によって生み出された天才的な「おもしろさ」じゃあ、我々がマネしようにもマネできない。しかも、今回は才能によっておもしろくできたけど、次も同じようにおもしろくできるかどうかわか

らない。それじゃあ、安定した仕事にはつなげることも難しい。

　だからこそ！　だからこそ、"シリーズでヒットしている映画"が参考になるのだ。

　シリーズ作のどの作品も一定以上おもしろい……ということは、そこには"狙っておもしろさを生み出すことができる技術が存在している。それこそが、「サスペンス」。サスペンスを上手につないでいくことで、安定的におもしろい物語を作ることができるというワケなのだ！

■「スリル」とは

　最後に「スリル」というのは、言い換えれば"焦らし"と"裏切り"。ちょっとお聞きしたい。たとえば映画『ハリーポッター』や『アナと雪の女王』、あるいはマンガの『ワンピース』を観る（読む）としよう。このとき、あなたは最後に主人公が目的を達成できずひどい目に遭って終わる……と思うだろうか？

　観たことがない（読んだことがない）でもいい、これらの作品がバッドエンドで終わると思うだろうか？

　……おそらくそうは思わないだろう！

　最後には多少の犠牲は出るかもしれないものの、主人公は目的を達成し、「めでたしめでたし」で終わる……と思うはずだ。

　そう。我々は映画にせよマンガにせよアニメにせよ、大半の物語を楽しむうえで、実は"物語の結末"を知っている。その物語を観たことがなくとも、読んだことがなくとも、「こういう話は大体こんな結末になる」と知っているのだ。知っているのだけども、それでも楽しめるわけだ。

　アクション映画なら、最後に主人公は困難を乗り越えると知っている。それでも主人公がピンチに陥ると、「この困難は達成できる

んだろうか……！」と、ハラハラドキドキ。この"ハラハラドキドキ"を実現するものこそ、「スリル」だ！

①焦らしのテクニック
「スリル」は"焦らし"と"裏切り"と書いたけど、まず注目したいのが"焦らし"。どのように"焦らす"のかというと、成功を先送りすることによって、だ。

たとえば、ホラー映画で主人公が館の中で怪物に追われているとしよう。まだ映画が始まって15分ほどなら観客である我々は、主人公が死なないことを知っている。ホラー映画なので映画のラストなら、主人公が死ぬというのもありえる。だが、映画開始15分で主人公が死ぬのはありえない。なぜなら、話が終わってしまうからだ！

なのでこの時点では、主人公が怪物から逃げ切るのは間違いない。だが、主人公が扉を開けようとしてもノブが空回りするだけで開かない。主人公が何度ガチャガチャとノブを回しても、ドアが開く気配がない。怪物は徐々に近づいてくる。主人公と怪物との距離が縮まっていく。このままでは主人公は怪物に捕まってしまう！

……でも、開始15分で？

いやいや、それはないでしょ。きっと次にドアを回したときに扉は開くんじゃない？

しかし、それでも扉は開かない。

主人公の背後に怪物が追い付く。怪物が武器のチェーンソーを振りかぶる。主人公はもう覚悟を決めたような顔をする……。

あれ、もしかしてこの映画、開始15分で主人公が死んじゃう展開なの……？

これが"焦らし"だ。

②裏切りのテクニック

　主人公は怪物から逃げ切るのだが、逃げ切る前に追い詰められる展開を用意。観客に主人公が追い詰められる様子を見せ、「このピンチは乗り切れないのでは……？」と思わせる。

　ここに、さらに"裏切り"が加わる。

　怪物が主人公に襲い掛かろうとした瞬間、背後から銃声。なんと怪物の後ろに警官が立っていて、銃で怪物を撃ったのだ。

　「こい、怪物！　こっちだ！」勇ましく叫ぶ警官。

　警官は主人公に対して「オレが怪物を引き付けるから、その間にほかのルートから逃げろ！」と言う。

　観客は警官の登場によって「助かった……」と思い、同時に「やっぱりな」と思う。

　開始15分で主人公が死ぬわけないのだ。

　だがここで、怪物は銃に一切怯まず、チェーンソーでアッサリと警官を真っ二つにしてしまったらどうだろう？

　「助かった」……と思いきや、「助かっていない」。「マジで!?　助かる展開じゃないの？」となる。いわば、"偽りの成功"。

　つまり、これが"裏切り"だ。

　"偽りの成功"を入れることで、観客は主人公がどんな風に成功するのかわからなくなる。最後は助かるとわかっていても、「もしかして……？」と思わずにいられなくなってしまうのだ。

■「メリハリのリズム」とは

　ここまで「メリハリ」「サスペンス」「スリル」の3つを紹介した。

　この3つを文章に入れ込むだけでも、相当読者の「感情」を動かすことができるはずだ。しかし、実は最後にダメ押しが存在している。「メリハリのリズム」だ。

「メリハリ」とは「主人公にとって良い状況」と「主人公にとって悪い状況」を交互に描くことで、読者の感情に揺らぎを与える方法だと書いた。
　このときに、ただ「主人公にとって良い状況」「主人公にとって悪い状況」というわけでなく、「どの程度の良い状況なのか？」「どの程度の悪い状況なのか？」という「良い／悪いの度合い」を組み込むことで、さらに読者の感情を揺さぶることができる。この「メリハリ」に「度合」まで組み込んだ「メリハリのリズム」こそが、「カタ」と呼ばれるものだ。

■読み手に影響を与える4つの「カタ」

　「カタ」は細かく見るといくつものパターンが存在してるが、基本的にはこれから紹介する4つの「カタ」の変形といえる。
　なので、まずはこの4つの「カタ」を知っておくといいだろう。

①「成功の達成感」「困難への挑戦」を描くのに適したカタ

　まず紹介するのが、ハリウッドのアクション映画や、ハッピーエンドもののラブストーリーに見られるカタ。
　図（1）に描かれた線が、「主人公の状況」を示している。
　話の全体を大きく「序」「破」「急」の3つに区切ったとき、「序」で「主人公にとって"ちょっと"良い状況」が訪れる。プチ活躍、プチハッピーとでも言うべき、ちょっとした成功だ。このちょっとした成功まで主人公にとって良い状況が続く。しかし、ちょっとした成功を達成した瞬間、主人公の状況が一転し、坂道を転がり落ちるように悪いことばかり起きていく。
　次に「破」では、主人公の状況が「最悪の状況」に。しかし、「最悪の状況」を迎えた瞬間、ふたたび主人公の状況が一転し、「主人

第３章　電撃の文章術の中核、「カタ」

公にとって最高に良い状況」に向かっていく。

　ポイントになるのが、ちょうど話の中間地点に存在している「最悪の状況」。この状況で主人公は、"話のテーマに気づく"。そして、気づいたことによって、主人公の状況が一転するのだ。

　どういうことか？

　たとえば、話のテーマが「家族は大切な存在」だとしよう。

　主人公は話の半分に存在している「最悪の状況」で、「家族は大切な存在」だと気づく……ということになる。そうすると、当然ながら「序」の段階で主人公は「家族は大切な存在」だと気づいていない。つまり、最初の段階では「家族」よりももっと大事な存在があるということになる。

　この辺は話のジャンルにもよるが、まあイメージしやすいのは「家族より仕事が大切」というパターンだ。そして、「家族より仕事が大

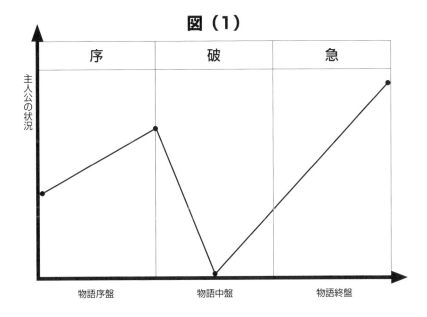

図（1）

切」という中、主人公は「序」でプチ活躍する。たとえば、小さな仕事を成し遂げて会社で評価される……といったイメージだろうか。

　小さな仕事を成し遂げて会社で評価された主人公は、どうなるだろう。「家族は大切な存在」とは気づいていないので、ますます家族より仕事にのめり込んでいく……というのが自然な展開だ。当然、さらに家族の信頼は失っていく。「最悪の状況」へ向かっていく中で、家族が主人公の前から去ることだろう。

　主人公は（「家族は大切な存在」と気づいていないので）最初は意地を張るだろうが、家族がいない状況では仕事のパフォーマンスも落ちる。結果として、「家族より大切」だったはずの仕事でも失敗をする。つまりこれこそが「最悪の状況」だ。

　そして、「最悪の状況」に至ってようやく、作品のテーマである「家族は大切な存在」ということに気づく。気づいたことによって当然主人公の行動は変わるだろう。

　どう変わるかは作品によって変化する。許しを請うため家族を探すかもしれない。思い出を取り戻すためにこれまで訪れた土地を旅するかもしれない。いずれにせよ、テーマに気づいた主人公は、"テーマに基づいた行動を取る"。

　そして、テーマに基づいた行動を取りはじめたことで「主人公にとって最高に良い状況」へと向かっていき、最後には家族の許しも得られ、仕事でも成功を治めるのだ。

　「家族にどう許してもらうか？」「家族の許しがどう仕事と繋がるか？」などは、話の「ネタ」が影響する。

　最新技術である「人工知能」をネタにこの「カタ」を適用するなら、「家族の大切さ」に気づいた主人公は人工知能に「愛情」をプログラム。人工知能がそもそも持っていた機能によって家族の場所を見つけ出し、自分の過ちを謝罪するものの、許してくれない家族。

「やっぱり許してはもらえないか……」と主人公が諦めたところで、人工知能が語りだす。主人公と家族のこれまでの思い出と、そこに確かに存在していた愛を。

そう、主人公は人工知能に愛情をプログラムするにあたって、自分と家族との思い出をデータとして入力していたのだ……。

皮肉にも、思い出と愛情を機械である人工知能に教えられた主人公と家族は、ぎこちないながらも再び絆を取り戻すのだった——なーんて展開が考えられる。

ちなみにこの「カタ」は、テーマの大切さに気づいた瞬間、「主人公にとって良い状況」へ展開するという構造上、商品やサービスをPRするのにも使いやすい。

テーマを「商品やサービスの活用」にしてあげると、その商品やサービスを手に入れた瞬間、主人公が活躍しだす……という話になるからだ。

②「怖い話」「泣かせる話」を描くのに適したカタ

次に紹介するのが「怖い話」「泣かせる話」に見られるカタ。

「怖い話」と「泣かせる話」ではジャンルが異なるように思えるが、実は同じカタで書くことができる。「怖い話」に時折「怖い話と思わせといて実は泣かせるいい話」というケースがあるのも納得だ。

「序」「破」「急」における主人公の状況は、「成功の達成感」「困難への挑戦」を描くのに適したカタと180°逆。正反対！（図2）

「序」で「主人公にとって"ちょっと"悪い状況」が訪れる。たとえば怖い話なら「階段から落ちてケガをする」、「泣かせる話」なら「つまらないことで親子ゲンカをしてしまう」などだ。プチ活躍、プチハッピーならぬ、プチトラブル、プチアンラッキー。

このちょっとした不幸まで主人公の状況は悪い方向へ続いていくが、プチ不幸に遭うことで主人公の状況が一転。今度は順調に出来事が展開していくわけだ。

　そして「破」では、主人公の状況が「最高の状況」になるもののさらに状況一転、「最悪の結末」めがけて大転落していく。

　この「カタ」でもやはり、話の中盤で主人公が何かに気づく。ただ気づくのは「テーマ」ではなく、「偽りのテーマ」だ。

　たとえば、怖い話なら「幽霊を供養したほうがいい」だとか、「泣かせる話」なら「都会でゴージャスな生活をするのが幸せ」だとか。これらは「偽りのテーマ」なので、ラストでひっくり返される。

　怖い話なら「幽霊を供養したほうがいい」ということで供養したものの、供養したにも関わらず心霊現象が増え続け、最後には主人公が祟りで死んでしまう……などだ。ネタバレになってしまうが、有名なホラー作品『リング』がこのパターンに当てはまる。

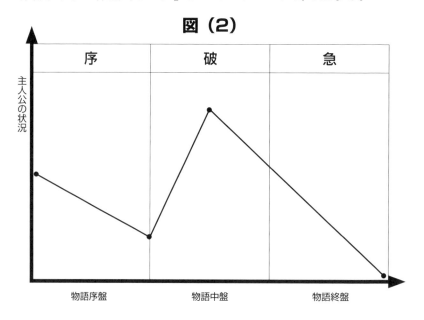

貞子の呪いを解除するためには貞子の体を見つけて供養するのではなく、ビデオをダビングする必要があったと最後で明かされた。呪いを解くためにはほかの人間に呪いをかけ、被害を拡大させるしかない……とわかる絶望的な幕引きだ。
　一方「泣かせる話」の場合は、「都会でゴージャスな生活をするのが幸せ」と思っていた折、故郷に置いてきた両親が病に倒れてしまい、最後には亡くなってしまう……なんて展開が考えられる。
　つまらないことで親子ゲンカをし、都会に出て、都会でゴージャスな生活をしたものの、その間に両親が死んでしまうという展開。主人公が両親の訃報を知って故郷に戻ると、両親からの手紙があって、親子ゲンカのことを詫びる内容、主人公の体を案じる内容、死ぬ前に一目会いたいという心情が書かれている。
　「メリハリ」を説明するときに書いた「ペットの犬の死」も同様のパターンだが、「主人公が相手への愛情を自覚したときにはもう、コミュニケーションできない」というのは「泣かせる話」で王道の「カタ」だ。

③「笑わせる話」を描くのに適したカタ

　「笑わせる話」を描くのに適した「カタ」はたくさんのパターンがあるので、その中から使いやすい「カタ」を1つ紹介しよう。
　私は「エスカレーション」と呼んでいる。
　このカタは主人公の状況がジグザグに進んでいく。
　「序」から「破」にかけて主人公の状況がジグザグに進み、最後の「急」で一気に転落する。(図3)
　主人公ともう1人のキャラクターが意地の張り合いをしているような状況を想定してほしい。たとえば銭湯で、2人の極道が自分の犯罪歴を語っている。

相手が中学のころに番長とケンカをしたと言えば、主人公は学校一校をまるまる制圧した……と語る。それを聞いた相手が今度は、ナイフで人を刺して病院送りにしたと言うと、主人公は30人を滅多刺しにした……という。

　こうやって話が大きくエスカレートする展開を、9回ほど行う。できれば、話のスケールを荒唐無稽なほど拡大させたほうがいい。そして、荒唐無稽なほど話が大きくなったことで、主人公はその話の責任を取らなければならなくなる。責任を取る……というのが最悪の結末というわけだ。

　「いや、俺は国から密輸された麻薬をかすめとって、ほかの組のシマでさばいたことあるぜ！」みたいなことを主人公が言った瞬間、横で話を聞いていた相手が「やっぱりお前が麻薬を横流ししていた犯人か！　オレは麻薬取締官だ！」と正体を現すとか。

　話がどんどんエスカレートしていく様子と、エスカレートすれば

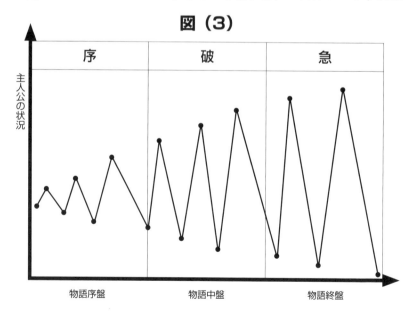

図（3）

するほど、実は主人公の立場が悪くなっていく……というギャップがおもしろさを生む「カタ」だ。

④商品やサービスを売り込むのに適したカタ

これまで紹介したものは、「物語」を表現するために適した「カタ」だが、商品やサービスを売り込む場合に適した「カタ」というのもある。この「カタ」に主人公の状況は関係ない。(図4)

「序」では共感を呼ぶ内容を書き、「破」では商品を購入する必然性を書き、「急」では"今"商品を買わなければならない時限性を書く。そもそも、人はどういうときに商品・サービスを買うのだろうか？

商品・サービスの企画をしていると、どうしても「商品力をアップさせる」という方向に目がいきがちだ。たしかに商品力はとても重要。劣悪な商品など誰も買ってくれない。それどころか、インターネットが普及した現在では、「あそこの商品はダメだった」という

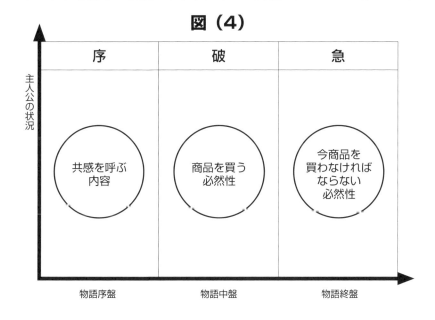

図（4）

情報があっという間に伝達してしまう。

けど、それ以上に重要なのが「お客さんの欲望や悩み」なのだ。この世の中に一度も商品やサービスを買ったことがないという人はいないだろう。あなたも商品やサービスを買ったことがあるはずだ。そこで、自分が何かの商品やサービスを購入するときのことを思い出してほしい。

そもそも、商品やサービスを選ぶ前から買うべき理由が存在してはいないだろうか。

たとえば、タクシーに乗るとき、何の目的もなくただタクシーに乗りたいから乗るだろうか？

そこには「タクシーに乗りたい」よりも前段階の理由、「終電を逃してしまったけど、周囲に泊まる場所もないし、歩いて帰るには遠い……」だとか、「子供が急病にかかってしまい、一刻一秒をあらそうのでバスや電車を使っている余裕はない。でも車やバイクは持っていない……」だとかいったもの……解決しなければならない「根源的な課題」が存在しているハズだ。

商品・サービスというのはこうした「根源的な課題」を解決するための手段といえる。どんなに商品力があっても、「根源的な課題」を持たない人には買ってはもらえない。

タクシーでいえば、乗り心地やサービスの良さ、コストパフォーマンスといった「商品力」をどんなにアピールしたところで、タクシーで解決しなければならない「根源的な課題」を持っていなければ、買ってはもらえない……ということだ。

一方、既に「根源的な課題」を持っている人に対しては「商品力」が有効となる。

「終電を逃してしまったけど、周囲に泊まる場所もないし、歩いて帰るには遠い……」という場合なら、そもそも電車で帰るつもり

第3章　電撃の文章術の中核、「カタ」

だったので、できれば安く済ませたいと考えているはず。それなら、「ほかのタクシーと比べてコストパフォーマンスが高い＝安く乗れる」という「商品力」が有効だ。

あるいは「子供が急病にかかってしまい、一刻一秒をあらそうのでバスや電車を使っている余裕はない。でも車やバイクは持っていない……」という場合なら、「ほかのタクシーと比べてスピーディーに手間なく利用できる」という「商品力」が有効になるだろう。

人間はものを購入するときに、まず「根源的な課題」を持ち、次に「商品力」を気にする……。こういう心理的な流れが存在するからこそ、「序」では共感を呼ぶ内容を書こう。

何に共感してもらうのかというと、もちろん「根源的な課題」だ。そもそも「根源的な課題」を持たなければものを買ってくれないので、それなら「根源的な課題」を持ってもらいましょう、という話。脳科学の分野の話になるが、「共感する」というのは人間の脳が持っている「機能」の1つだ。「共感」とは自分以外の人間と感情を共有すること。

「共感」によってたとえば、痛がっている相手を見たときに、自分も痛いと思ってしまう……という現象が発生する。このとき人間の脳では、自分が実際に痛い思いをしているのと同じ部位が反応しているという。こうしたメカニズムを持っているからこそ人間は、他人を助けるといった献身的な行動がとれるのだ。

……なんて書くと「"人の不幸は蜜の味"なんて言葉もあるじゃん！」なんて思う人もいるだろう。この話をはじめて聞いたときに私自身がそう思ったもんね！

実は「共感」のメカニズムは、自分が好意を抱いている人に対して機能するもので、敵対的な存在に対しては機能しない……どころか、逆に機能するらしい。

つまり、自分の愛する人の不幸は自分の不幸と同じレベルで感じるが、自分が嫌いな人の不幸は蜜の味……というわけ。実際、自分の子供が転んだら「大丈夫！」と心配するが、大嫌いなパワハラブラック上司が転んだら「ざまあ見やがれ！」と感じるので、確かな話なんだと思う。

　さて、「共感」がいつ機能するのかといえば、自分以外の人の境遇や状況を見たときだ。先ほどの例でいえば、痛がっている相手を見たときに、「痛い」という感情を共有する。
　ほかにもわかりやすいものでいえば、お葬式にバッタリ出くわしたとしよう。喪服を着た人々がみな、悲しみにくれている。それを見たあなたは、一緒に泣くほどではないかもしれないが、「悲しいんだろうな」とか「自分も家族が亡くなったら嫌だな」というかたちで悲しさを連想する。
　つまり、人々が悲しみにくれているという「お葬式の状況」が、あなたの中に「悲しい」という共感を呼び起こしたわけだ。

　これを踏まえると、読者の「共感」を刺激するためには「根源的な課題」を持った人の境遇や状況を読者に伝えればいいということになる。
　たとえば、「翌日にイベントなどの大きな出来事が予定されていると、緊張から不眠症気味になってしまう」という「根源的な課題」を持った人の境遇を詳しく書けば、読者の共感を呼び起こし、同じ「根源的な課題」を持ってもらうことができる……というワケ。
　続く「破」でようやく「商品力」の出番だ。
　「破」では商品を購入する必然性を書く……と書いた。では「商品を購入する必然性」とは何か……といえば、「商品力」だ。

第３章　電撃の文章術の中核、「カタ」

　でも、単なる「商品力」であればなんでもいいと言うわけではない。「根源的な課題」の解決に繋がる「商品力」を書く必要がある。

　先ほどのタクシーの例であれば、「子供が急病にかかってしまい、一刻一秒をあらそうのでバスや電車を使っている余裕はない。でも車やバイクは持っていない……」という「根源的な課題」を抱える人に、「ほかのタクシーと比べてコストパフォーマンスが高い＝安く乗れる」という「商品力」を書いても、響かない。

　そりゃあ確かに、料金は高いより安いにこしたことはない。でも、安いからと言って「根源的な課題」が解決するわけじゃあない。

　「根源的な課題」に繋がるのは、たとえば「はかのタクシーと比べてスピーディーに手間なく利用できる」という「商品力」だ。あるいは「お医者さんを連れてきてくれるタクシー」のような「商品力」も有効だろう（そんなビジネスは聞いたことがないが、もしそういうものがあれば、「根源的な課題」に繋がるという意味）。

　つまり、そもそも「根源的な課題」の解決に繋がる「商品力」を持った商品について書かなければならないわけだ。とはいえ、たいてい記事を執筆する場合は、書く商品が先に決まっていることのほうが多い。なので、執筆にあたっては「商品」の持つ「商品力」に適した「根源的な課題」を考えることになるだろう。

　「根源的な課題」を考えるにあたっては、まずその「商品」の持つ「商品力」のうち〝ほかの商品にない、その商品ならでは〟の「商品力」を見つけ出そう。

　たとえば、私鉄の小田急線が経営している立ち食いソバ「箱根そば」は、カレー味のコロッケソバがめっぽう美味しく、テレビでも放映されたことがある。なので「コロッケそばの美味しさ」というのは「箱根そば」の持つ「商品力」の１つということになる。

　しかし、「そばの美味しさ」だけで考えると、立ち食いソバなの

65

で限界がある。味の比較だけで言ったら、そりゃあ本格的な手打ちそば屋さんのほうが美味しいだろう。「箱根そば」よりも「商品力」が高い商品がほかにあるわけで、"ほかの商品にない、その商品ならでは"の「商品力」とは言えないことになる。

　そう考えると、ほかの商品にない、「箱根そば」ならではの商品力とは何だろう？

　答えの1つとしては、「小田急線沿線を利用する人がスピーディーに食事できる」という「商品力」が挙げられる。

　長時間の余裕があり、落ち着いて食事ができるシチュエーションなら本格手打ちそばをゆったり味わうのに越したことはない。しかしウィークデーのお昼というシチュエーションを考えたらどうだろう？　落ち着いて食事ができない……というときもあるのではないだろうか。たとえば、打ち合わせのためにほかの会社をお昼に訪問しなきゃいけない……なんてときだ。

　打ち合わせのために、お昼にほかの会社を訪問しなきゃいけない。だからゆったり落ち着いて食事をするのは難しい。でも、美味しいそばが食べたい。これも立派な「根源的な課題」だ。

　この「根源的な課題」を解決できるのは何か？

　……そう、「小田急線沿線を利用する人がスピーディーに食事できる」という「商品力」というわけ。こんな風に「商品力」から「根源的な課題」を導き出すのが、商品が決まっているときのコツだ。

　最後に「急」で語る"今"商品を買わなければならない時限性について。

　なぜ、商品を買わなければならないのが"今"なのか？　……というと、共感は冷めるからだ。どんな怒りも、どんな悲しみも、時間が過ぎると薄れてくるように、いずれ「感情」は冷める。絶対に。

第３章　電撃の文章術の中核、「カタ」

　「共感」というのも、自分以外の人の境遇や状況を見て「感情」が刺激された状態なので、いずれ冷めてしまう。共感が冷めると、共感によって作り出されていた「根源的な課題」も、当然のように失われる。なので、商品やサービスを買ってもらうとしたら、共感が冷める前に買ってもらわなければならない。
　だから、「共感」が冷めていない"今"買ってもらわなければならないのだ。２日後や３日後、ましてや１週間後では手遅れになってしまう。
　じゃあ、"今"商品を買ってもらうためにどんなことを書けばいいのか？というと、次の３つ。

１つは「"今"商品を買うとどんな得があるのか？」
２つめは「"今"品を買わないことでどんなマイナスがあるのか？」
３つめは「アクションしてほしいことを具体的に書くこと」

　１つめと２つめはわかりやすいが、３つめはわかりにくいかもしれない。ただ、書くことそのものはシンプル。「買ってください」「申し込みをしてください」といった、やってほしいことそのものを書けばOK。
　「そんなこと!?」と思うかもしれないが、最後に「買ってください」や「ぜひお買い求めください」といった一言があるかどうかで購入率は激変する。わかりやすく、お客さんの言葉で次のアクションを提示してあげよう。

■「ネタ」「カタ」を組み合わせて記事や物語の構造を作り上げる

　取材によって「情報としての価値（＝ネタ）」を手に入れた！
　「構成としての価値（カタ）」も学んだ！

……ここまでできたら、あとは文章を書いていくだけだ。
　でも、はじめて文章を書く場合、ここで手が止まってしまう……ということが多いだろう。
　何を書けばいいのかわからないのだ！
　「ネタ」も「カタ」もあるのに、何を書けばいいのかわからない……。自分は本当に大丈夫なんだろうか？　と思うかもしれない。
　けど、大丈夫！　安心してほしい。もし何を書けばいいかわからないとしても、それはまだ必要なピースが揃っていないからだ。
　あなたがここまで手に入れた「ネタ」や「カタ」というのは、単体では意味を持たない。組み合わせてはじめて意味を持つのだ。
　そして、その「組み合わせ方」にはジャンルによって大きく２パターンに分かれる。
　１つは「情報としての価値（＝ネタ）」に価値が求められるジャンル。ニュースやネットメディアの記事などが含まれるジャンルだ。
　もう１つは、「文章力としての価値（デコ）」が求められるジャンル。小説や脚本などが含まれるジャンルだ。

第4章

「お客さんの問い」が情報のキー

 「ネタ」に価値が求められるジャンルとは？

　まずは、「情報としての価値（＝ネタ）」に価値が求められるジャンルから見て行こう。

　このジャンルでキーとなるのは、「お客さんの問いは何？」ということ。

　たとえば、あなたは「あなたの家から最寄り駅までの行き方」を知っているだろう。

　これは、「情報としての価値（＝ネタ）」の１つだ。

　ただ、あなたは「あなたの家から最寄り駅までの行き方」に価値があると思えるだろうか？

　あなたは既に最寄り駅まで何度も行き来しているだろうから、あなたにとっては知っていて当然の情報。きっと、情報としての価値があるとは思えないはずだ。

　文章を書くことができないのはここに原因がある。

　ニュースや記事といったものは、人（＝お客さん）に対して情報を伝えるために存在している。だから、人（＝お客さん）が想像できない場合、文章を作り出すことができないのだ。

　でも、あなたの家の付近で道に迷った人から、こう声を掛けられたらどうだろう？

　「すみません……、道に迷ってしまって……。ここから最寄り駅まで行きたいんですが、道順を教えてくれませんか……？」

　今度は、「あなたの家から最寄り駅までの行き方」という「ネタ」を使って、文章を作ることができるのでは？

　さらに、その道に迷った人について「重い荷物を持っている」だ

とか、「幼稚園くらいの子を連れている」といった具体的な情報が加わったらどうだろう？

「重い荷物をお持ちだし、バスを使うルートを教えてあげたほうがいいかな……」とか、「子供と一緒に休憩できる喫茶店を通るルートを教えてあげようかな……」とかいったかたちで、教え方のイメージが広がるはずだ。

つまり、「問い」が大事ということ。

「ネタ」「カタ」「デコ」は、「問い」に対する答えなのだ。

クイズ番組で、クイズの問題をまったく知らずに答えることができるだろうか？　早押しクイズだって、問題の最初の数ワードから内容を予測して答える。まったく問題がわからない状況で答えることなんて不可能だ。つまり、「問い」がわからなければ、「答え」られない。言い換えるなら、「問い」が「答え」の価値を決めている。

言い換えると、「問い」がなければ「答え」は価値を持てない。価値を持たない情報じゃあ、どう使っていいかもわからないのも当然。だから、「ネタ」や「カタ」を知っているだけでは文章は書けない……ということだ。

では、どうすればその「問い」を手に入れられるのだろうか？

■「リサーチ」……「問い」を手に入れよう

「問い」を手に入れるための方法はシンプルだ。あなたの文章を読むだろう読者に聞けばいい！

つまり、リサーチをするのだ。リサーチは、次の二段階で行う。

・ターゲットユーザーを決める
・調べる

①ターゲットユーザーを決める

　リサーチするためには、まずあなたの文章の「ターゲットユーザー」を決めなければならない。あなたの文章はどんな人に読んでもらうことを目的としているのだろうか？

　たとえば観光の記事を書くとしても、観光の初心者に向けて書く場合と観光の上級者に向けて書く場合とでは内容が異なる。

　観光の初心者なら、まずは王道の観光スポットを見たい……なんて思っていそうだ。そうすると、「王道の観光スポットはどこ？」「用意しておくべきものは何？」なんて「問い」を持っている可能性が高い。

　一方、観光の上級者は、王道の観光スポットなど既に何度も行っている。なので、「通だけが知る隠れた観光スポットはどこ？」なんて「問い」を持っているハズ。

　つまり、「観光」と一言で言ったところで、異なる「ターゲットユーザー」が存在しているということ。そして、異なる「ターゲットユーザー」を同時に満足させることはできない。

　たとえば、「王道の観光スポット」と「通だけが知る隠れた観光スポット」を無理やり1つの記事で書くと、何が言いたいんだかわからない記事になってしまう。

　なので、できる限り具体的に、あなたの記事の「ターゲットユーザー」を決める必要がある。

②調べる

　続いて、調べよう。

　どんな内容を調べればいいかというと、大きく3つに分かれる。「ターゲットユーザーについて」「商品・サービス・情報について」「市場について」だ。

I.「ターゲットユーザーについて」のリサーチ

「ターゲットユーザーについて」は次のような項目について調べる。

知らべる目的は2つあり、ターゲットユーザーがどんな悩みを抱えているか把握することと、ターゲットユーザーの価値観について知ること。

ターゲットユーザーの知りたい「問い」は、ターゲットユーザーの悩みから生まれている。

たとえば、「英会話を覚えたいけど時間がない」という悩みをターゲットユーザーが抱えていれば、必ず「時間がない中で英会話を覚える方法ってないの？」という「問い」を持っている……というわ

調べる要素	概　要
性別	男性、女性
年代	幼少期にどんな体験をしているか
悩み	何に悩んでいるか
感情	悩みによって、どんな感情を感じているか
理想	悩みが解決した後、どんな未来を理想として望んでいるか
金銭状態	どの程度修復か （たとえば、食事にどれくらいのお金を使っている？）
職業	どんな職業に就いているか（休みが多い職業？　お金がたくさんもらえる職業？　新しい職業？　昔ながらの職業？）
休日の趣味	どんな趣味を持っているか
価値観	どんな価値観に重きを置いているか（お金が大事？　時間が大事？　夢が大事？　友達との絆が大事？）

け。つまり、ターゲットユーザーの悩みがわかれば、ターゲットユーザーの「問い」もゲットできちゃうのだ。

それでは、ターゲットユーザーの価値観は何に繋がっているのかと言えば、「ターゲットユーザーの好む言葉」に繋がっている。

たとえばゲームの中でも「RPG（ロールプレイングゲーム）」というジャンルのゲームには、「バフ/デバフ」という言葉がある。

「バフ」というのは、ゲーム内のキャラクターの能力を一時的に高める効果のこと。「デバフ」とは逆に、ゲーム内キャラクターの能力を一時的に減少させる効果のことだ。

これらはゲームを知らない人にとっては説明されなければわからない言葉だが、「RPG」に馴染んでいる人なら知ってて当たり前の言葉。なので、もし「長時間プレイしても飽きないほどRPGが大好き！」という価値観の人へ向けた記事で、いちいち「バフ/デバフ」の用語説明を入れると、くどい記事になってしまうだろう。

つまり、読み手の価値観に応じて、専門用語やスラングを使った方が伝わりやすくなる…ということだ。

このために、リサーチをしてターゲットユーザーの価値観を知ろう……というわけ。

・ターゲットユーザーに聞く

ではどうやって調べればいいかというと、一番いいのはターゲットユーザーに一致する人を見つけて、単純に聞いてしまうこと。

ターゲットユーザーに当てはまる人がいないか友達や知人に聞いてもいいし、TwitterやFacebookで見つけて連絡し、リサーチを依頼をするというのでもいい。まったく無関係の人に依頼をする場合、数千円程度でいいので謝礼を用意すると、応じてもらいやすいだろう。

第４章　「お客さんの問い」が情報のキー

　聞く人数は２人〜３人程度。人数は少ないが、その代わり、その人の生い立ちなども含めて、深く、深〜く聞こう。話すときの表情から感情の強さ（どれほど強い悩みなのか、どれほど好きなのか）を推察することも忘れずに。
　あなたが「その人の価値観を完全に理解した！」と言えるレベルになることを意識して、深〜〜〜く聞くのだ。

・リサーチサービスを使う
　また、リサーチサービスを使うという方法もある。
　安価で利用しやすいネットのリサーチサービスとして、「はてなアンケート」（http://q.hatena.ne.jp/help/enquete）や、「LINEリサーチ」（https://line-research.line.me/）などがある。
　これらを使えば、大量の人を相手に手間なく調査できちゃう。
　ただ、意識しておいたほうがいいところが１点。
　大量の人にリサーチを行うと、それだけターゲットユーザー像が正確に理解できるような気がするのだけど、実は「正確」というより「平均像」に近づいていくだけだ。
　もちろん、ターゲットユーザーの平均的な姿を認識できているというのは重要なこと。でも、ターゲットユーザー一人ひとりは、微妙に平均値からズレている。なので、平均ど真ん中に向けた記事を使うと、ターゲットユーザー一人ひとりから微妙にズレた記事を書いてしまうリスクを持っているということを認識しておこう。
　記事を書くときには、ターゲットユーザーの中から具体的に１人を思い描いたほうが、ターゲットユーザーの心に刺さる記事を書ける可能性が高い。
　また「平均値」というのは、リサーチサービスを使って大々的に調査しなくてもたいていイメージできてしまう……というのも覚え

ておいたほうがいいだろう。

　調査した結果、自分のイメージ通りの結末で「これならお金を払って調査するんじゃなかった……」ということも少なくない。

　リサーチサービスを使う場合、「あなたの質問に対する、ターゲットユーザーの中の"多数派"の姿が見えない」というケースに限定して使うのがオススメだ。

II.「商品・サービス・情報について」のリサーチ

　「商品・サービス・情報について」は、ターゲットユーザーの悩みに関連する商品やサービス、情報について次のような項目について調べる。できる限り多くの数調べたほうがいいだろう。

調べる要素		概　要
商品の スペック	商品名	商品名。英語の場合、読み方も調べる。
	価格	商品の価格、税込か税別かも記載。
	そのほかの 商品スペック	商品バリエーション、味、スピード、形状、効果、消費電力、営業時間、購入できる場所、などなど、それぞれの商品・サービスを構成している要素。
特徴		類似商品・サービスの中で、その商品だけに見られる特徴（差別点・オリジナリティ）
ベネフィット		その商品を使うことで、お客さんが得られる便益
開発ストーリー		その商品の開発に絡んだストーリー（あれば）

第4章 「お客さんの問い」が情報のキー

　これを調べることで、現時点で、ターゲットユーザーの悩みの解決方法にどんなものがあるのかを知ることができる。
　たとえばターゲットユーザーが「ダイエットをしたい」という場合、「低糖質ダイエット」「断食ダイエット」「ライザップ」「レコーディングダイエット」などなど、さまざまなダイエット方法を調べる。
　すると、それぞれのダイエット方法ごとに、「価格は高いが効果も高い」「安くできるし効果もあるけど運動がツライ」「高いし効果も高いけど長続きしない人が多い」などといった"特徴"が見えてくる。
　ターゲットユーザーの周囲にある商品・サービス・情報の特徴がわかれば、「こういうものがあったらターゲットユーザーの悩みをもっと簡単に解決できるのに！」といったこともわかってくるだろう。
　つまり、調べることで記事の提案力がアップする……というわけだ。
　調べる方法は、2つ。1つはネット検索すること。2つめは、自分で利用することだ。

・ネットで検索する

　商品そのものの情報については、メーカーの商品紹介サイトや、Amazon、楽天などのECサイトで調べられる。また、商品・サービス・情報の利用者レビューをチェックすることで、商品の使用感もある程度把握できるだろう。
　ただ、これだけでは誰でも調べられる情報なので、記事に深みを出せなくなってしまう。だからこそ、自分で実際に利用してみるのだ。

・自分で利用する

　商品が高額だとなかなか難しい所があるが、体験会などのイベントを利用したり、取材を申し込むなどして一度は自分で体験したほうがいい。これをやらないと、記事を書くときに「自分の言葉」で

書けなくなってしまう。

もちろん、ネット上を探せば自分の言葉で書いていない記事など腐るほどある。正直なところ、一切商品を自分で利用することなく記事を書いたとしても、短期的にはプロのライターとして案件を受注することだって可能だろう。

だが実際に体験して、あなた自身が商品から受ける自分の感情の動きを実感しない限り、あなたの中にボキャブラリーが蓄積していかない。なので、長期的に見ると徐々に案件が減っていくか、安い案件ばかりこなすハメになってしまうだろう。

リサーチにかかる時間やお金は投資と思って、ある程度は覚悟したほうがいい。

Ⅲ.「市場について」のリサーチ

最後に「市場について」のリサーチだ。これは「商品・サービス・情報について」と近い。しかし、商品・サービス・情報そのものではなく、その"業界"について調べる。これによって、その"業界"の歴史とトレンドを理解することができる。

当たり前だけど、どんな業界も進化を続けている。このため、業界の状況を知らずに記事を書くと、時代遅れな記事を書いてしまうリスクが高くなってしまう。時代遅れな文章を書いてしまえば、読者からは「この情報古くない？」と思われ、信頼を失ってしまうだろう。

だからこそ、"業界"についても調査が必要なのだ。調べ方は2段階ある。

・その業界に関する書籍を20冊ほど読む

1段階目は、その業界に関する書籍を20冊ほど読むこと。なぜ20冊なのかというと、1つの書籍では情報に偏りが出てしまうからだ。

第4章 「お客さんの問い」が情報のキー

当たり前だけど、書籍を書いているのは人間。そして人間が書く以上、どうしても「作者の主観」と「事実」が混然一体となってしまう。

たとえばセールスマンの営業テクニックについて書いた書籍に、「たとえ用事がなくともお客さんのところにはなるべく顔を出したほうがよい」なんてテクニックが書かれていたとしよう。また別のマーケティングの本には、人に好かれるテクニックとして、「挨拶でも『アレ取って』というちょっとしたお願いでもいいから、とにかく話す機会を増やそう」なんて書かれていたとする。

この2つの話は、違うことを言っているようでいて、なんとなく根底に共通したものを感じないだろうか？

種明かしをすると、この2つの話は、「単純接触効果（ザイオンス効果）」という心理学に基づいたテクニックだ。「単純接触効果」というのは、同じ人と顔を合わせれば合わせるほど、その人に好感を持つ……という効果。

なので、これを営業に置き換えれば、お客さんと顔を合わせれば合わせるほど好感を持ってもらえて売り込みやすくなる。人に好かれたいなら、挨拶でもちょっとしたお願いをする機会でも何でも、

調べる要素	概　要
商品が属する業界の最新トピック	時事ネタは何？（新たな商品が発売された、その業界の有名人が何か事件を起こした……など）
商品が属する業界の現在の平均的な状況	最新トピックを考慮に入れない場合、その業界は現在平均的にどんな状況？（長らく新しいニュースがない、最近立ち上がったばかりで注目されている……など）
商品が属する業界の古典的な商品	その業界で昔からある古典的な商品は何？
商品が属する業界の相場	その業界の商品の相場はいくらくらい？

その人と接触する機会を増やせばよい……というわけだ。
　今回は私が「単純接触効果（ザイオンス効果）」という種明かしをしたけど、もちろん、書籍によっては種明かしなんかされない。というのも種明かしができるのは、心理学のように繰り返し実験を行い、「この説が現状最も正しい」という検証がなされている場合のみ。
　あなたが今読んでいるこの本だってそうだ。すべての情報が検証されたものかといえばそうではなく、私が生きてきたうえでの経験則も含まれている。さらに、どうしたって「自分の主観」が混じってしまう。なので、1冊読むだけでは「ある作者の主張」を調査しただけに終わる可能性が高い。"業界"の事を純粋に調査したつもりが、1人の作者の思いを調査していただけ……という結果になってしまうということだ。
　これを避ける方法が、20冊の書籍を読むこと。
　20冊も読むことで、複数の別の書籍にも関わらず、"どの書籍でも同じように言っていること"が見えてくる。
　「主観」は人によって違うが、「事実」は誰から見ても変わらない。なので、複数の人間が同じように言っていることは、「事実」の可能性が高い。つまり、書籍を20冊読めば「事実」に近い情報が手に入るということなのだ。

・プレスリリース配信サイトからその業界の最新情報を受信する

　そうしたら2段階目として、プレスリリース配信サイトに登録し、その業界の最新情報を受信しよう。
　プレスリリース配信サイトは、既に紹介した『ValuePress』（https://www.value-press.com/）でもいいし、『PR TIMES』（https://prtimes.jp/）などのサービスでもいい。
　20冊本を読んで2段階目に進んだ時点で、既にあなたの中に業

第4章 「お客さんの問い」が情報のキー

界の基本知識が詰まっている。なので、最新情報がどんな価値を持ち、業界がどんな動きを見せているか把握できるはずだ。

③「問い」を手に入れるためのツール「マンダラ式発想法」

こうやって情報を入手したら、"ターゲットユーザーがどんな問いを持っているか"、1つ書き出してみよう。これが、文章のテーマとなる。

次に、書き出した「問い」から、より小さな「問い」を連想しよう。これには、「マンダラ式発想法」というツールが有効だ。

■「マンダラ式発想法」とは

「マンダラ式発想法」はアイデアを膨らませるためのツールで、次の要領で行う。

1. 紙に横線2本、縦線2本を描き、9マスに区切る。

	元となる アイデア	

2. 9マスの中央に元となるアイデアを書く。

アイデアから 連想する内容①	アイデアから 連想する内容②	アイデアから 連想する内容③
アイデアから 連想する内容④	元となる アイデア	アイデアから 連想する内容⑤
アイデアから 連想する内容⑥	アイデアから 連想する内容⑦	アイデアから 連想する内容⑧

3. 周辺の8個のマスに、アイデアから連想する内容を書く。

第4章 「お客さんの問い」が情報のキー

　たとえば、中央のマスに「夏」と書いたら、周辺のマスには「夏から連想するもの」を書いていく。「スイカ」だとか「盆踊り」だとか、「花火」……といった具合だ。
　たいてい7つぐらいまではすぐ思いつくのだが、8つめ、9つめともなると、なかなか連想が出てこない。それでもがんばって発想することで、発想力を鍛えるトレーニングに使うことができる。

■ターゲットユーザーの問いを深堀りする

　この「マンダラ式発想法」を応用し、"ターゲットユーザーがどんな問いを持っているか"を深堀りしよう。"ターゲットユーザーがどんな問いを持っているか"を「マンダラ式発想法」の真ん中のマスに書き、周辺に「その問いに関連する"悩み"」を書いていくのだ。
　たとえば、ターゲットユーザーが「痩せたい」という悩みを持っていたとしよう。もちろん「問い」は「どうすれば痩せられるか？」になる。
　「マンダラ式発想法」の中央に「どうすれば痩せられるか？」を書いたら、周囲8マスに「どうすれば痩せられるか？」に関連する"悩み"を書いていく。たとえば「激しい運動をしたくない」「ツライ食事制限は耐えられない」「たくさんのお金はかけられない」「ジムに行っている時間がない」……などなど。
　このとき、ターゲットユーザーが「問い」についてどんな悩みを持っているか想像できないようであれば、まだまだリサーチが不足している。十分リサーチしていれば、考えるまでもなく、リサーチ結果から悩みが拾えることだろう。
　さて、「マンダラ式発想法」の9つのマスがすべて埋まったら、中央のマスが文章のテーマ。周辺8つのマスが、「ターゲットユーザーの本当に知りたいこと」になる。

「本当に知りたいこと」とはどういうことか。

たとえば、「どうすれば痩せられるか?」という問いの答えは実は簡単だ。というのも、「体重を減らす」ためには「摂取カロリーよりも消費カロリーを増やせばいい」のだから。なので、運動によって消費カロリーを増やしたうえで、食事を消費カロリー以内に抑えればいいのだ。

これ、おそらくターゲットユーザー自身もその答えを知っているに違いない。でも、"答えを知っていてもできない"。

何故できないのかと言えば、問いと答えの間には、「激しい運動をしたくない」「ツライ食事制限は耐えられない」「たくさんのお金はかけられない」「ジムに行っている時間がない」といったハードルが存在しているからだ。

そう、ターゲットユーザーが本当に知りたいのは「マンダラ式発想法」中央のマスに書かれたことではなく、「マンダラ式発想法」周辺8マスに書かれたことの解決方法。もちろん、解決方法となる答えを出してあげるのは、ほかでもないあなただ。

■「カタ」を使って「問い」を並べる

この時点であなたは「文章のテーマ」と「8つの問い」を手に入れた。ここで「カタ」の出番。まずは使う「カタ」を決めよう。

今話しているのは「情報としての価値（＝ネタ）」に価値が求められるジャンル。このジャンルで文章を書く場合、たいてい何らかの記事ということが多いだろう。となると使用する「カタ」は「商品やサービスを売り込むのに適したカタ」だ。

これまでの流れに沿って「痩せる方法」というテーマで考えると、現実的に多いのはダイエット商品やダイエットサービス（エステやスポーツジムなど）を売り込む……というケースだろう。

第4章 「お客さんの問い」が情報のキー

　使う「カタ」が決まったら、「カタ」の流れに従って情報を並べていけばOK。「8つの問い」を「カタ」に従って情報最適な順番で並べ、読者の「感情」や「行動」に影響を与えるわけだ。
　並べる情報というのはもちろん、「8つの問い」。
　「商品やサービスを売り込むのに適したカタ」の内容は、「序」では共感を呼ぶ内容を書き、「破」では商品を購入する必然性を書き、「急」では"今"商品を買わなければならない時限性を書く……というものだった。これに従って「8つの問い」を並べていく。
　まず、「序」では「共感」を呼ばなければならない。「共感」を刺激するためには「根源的な課題」を持った人の境遇や状況を伝えればよかった。
　では「根源的な課題」は何かといえば、"「マンダラ式発想法」の中央部の問いを解決したいのに、「マンダラ式発想法」の周辺部8マスがハードルとなって解決できないこと"だ。
　ダイエットでいえば「ダイエットしたいのに、時間やお金、激しい運動やツライ食事制限といったハードルによってダイエットできない」というのが「根源的な課題」になる。
　続いて「破」では商品を購入する必然性を書くことになる。つまり、記事で扱おうとしている商品がいかにして「マンダラ式発想法」周辺部8マスを解決できるのかを書けばOKだ。ここでは商品についてリサーチした内容が活きてくる。
　最後に"今"商品を買わなければならない時限性だ。
　たいていの場合、"今"商品を買う理由は記事の公開時期の"時事ネタ"から引っ張ってくることができる。
　通常、夏には夏の記事、冬には冬の記事……と、時期に合わせて記事を作成するものだ。当然、記事内で扱う商品は記事公開時期に旬を迎える。なので、旬のうちに商品を買おうという方向性で記事

を書けば、「"今"商品を買うとどんな得があるのか？」「"今"品を買わないことでどんなマイナスがあるのか？」を自然と盛り込むことができるだろう。

さらに、商品についてのリサーチや、市場についてのリサーチから、「今商品がキャンペーン中でお得」だとか、「商品が人気で品薄なので、見つけ次第買ったほうがいい」といった情報を入手できていればベストだ。ちなみに、時事ネタには3つ種類がある。

定期的に繰り返すタイプの時事ネタと、突発的に発生するタイプの時事ネタ、3つめは"その中間"だ。

定期的に繰り返すタイプの時事ネタというのは、たとえば、「お正月」「クリスマス」「バレンタイン」のような季節ごとのイベント。こうした季節ごとのイベントは、そのイベントが発生することを事前に見越して記事を作成することが可能だ。

また、突発的に発生するタイプの時事ネタというのは、新商品の突発的な流行や、事件、事故、訃報といった類のもの。当たり前だがこれらは、予測することができない。

なので利用するためには、ネットニュースやTwitterのトレンドなどといった情報源に目を光らしておき、時事ネタが発生したタイミングで記事化するほかない。もちろん、記事を作成するタイミングで、ネットニュースやTwitterのトレンドなどといった情報源を漁ってもいいだろう。

最後にこの2つの中間というのは、定期的に繰り返すことはわかっているが、事前に発生を予測できない……というもの。たとえば、「台風」だ。

夏になれば「台風」が発生することはわかるものの、厳密に何月何日に台風が発生するのかはわからない。ただ、高確率で発生することはわかっているので、事前に記事を作っておくことは可能だ。

実際に時事ネタが発生したタイミングで、用意しておいた記事を公開すればいい。

3つのうち「毎年毎年繰り返すタイプの時事ネタ」については、「時事ネタカレンダー」を作成しておいた。よかったら参考にしてほしい。

もちろん執筆するジャンルによってはこのカレンダーの情報では足りないだろう。なので、自分のジャンルに応じた時事ネタ情報をこのカレンダーに足すのがオススメだ。自分オリジナルの「時事ネタカレンダー」を持っておけば、記事を執筆するときの助けになるだろう。

月	主な行事や話題に上がることなど
4月	エイプリルフール／入学／入社／お花見／灌仏会（お釈迦様の誕生日）／メジャーリーグベースボール公式戦開幕／イースター
5月	メーデー／ゴールデンウィーク／こどもの日／母の日／五月病／運動会・体育祭／博多どんたく祭り
6月	ジューンブライド／ダイエット商戦開始／衣替え／梅雨／父の日／YOSAKOIソーラン祭り
7月	海開き／富士山山開き／七夕／夏休み（学生）／花火大会オールスターゲーム（プロ野球・メジャーリーグベースボール）／お中元
8月	終戦記念日／お盆／夏コミケ
9月	避難訓練／お月見／動物愛護週間／敬老の日／9.11追悼
10月	衣替え／紅葉・紅葉狩り／体育の日／運動会・体育祭／ハロウィン／文化祭・学園祭
11月	七五三／酉の市／文化の日／勤労感謝の日／ポッキー＆プリッツの日
12月	お歳暮／クリスマス／年末カウントダウン／忘年会／大晦日／年越しそば／冬コミケ／天皇誕生日／ボーナス／年末調整／仕事納め
1月	お正月／初詣／仕事始め／東京箱根間往復大学駅伝競走／七草／鏡開き／成人の日／初夢
2月	節分／バレンタインデー／針供養／さっぽろ雪まつり／東京マラソン
3月	ひな祭／ホワイトデー／春の彼岸／春分の日／卒業式・卒園式／春の高校野球・プロ野球開幕／東日本大震災追悼

■「ネタ」を使って「問い」に回答する

　ここまで進めると、「カタ」通りに「問い」が並んだはずだ。

　あとは、あなたの持っている「ネタ」を使って、問いに対する回答を出していけばOK！

　答えを知っている状態でクイズに答えるようなものなので、「まったく書けない！」ということはないだろう。

　ただし、この時点で文章表現……「デコ」のことを考えてはならない。この時点で「デコ」を考えると、執筆が遅々として進まなくなってしまう。「デコ」のことを考えるのはあと！

　この時点では「問い」に回答することだけ考えよう。そうすれば、意外なほどサラサラと文章が書けるはずだ。

■「デコ」を使って「記事」を完成させる

　「ネタ」を使って「問い」に回答したら、文章表現はさておき、とりあえず記事が完成しているハズだ。

　素晴らしい！　グレイト！　完成おめでとう！　コーヒーでも飲んで気分転換するのがオススメだ！　いっしょにクッキーやポテトを食べるなんてのもいい。

　いやいや、冗談で言っているのではない。本当に1回コーヒーを飲んで休憩するのだ。いや別に紅茶でも緑茶でもいいけど。もちろん散歩でもいい。気分転換できればOKだ。

　気分転換してから記事を見直すことで、読者に近い視点で記事を読むことができる。逆に言うと、書いた直後に見返すと、書き手の視点でしか記事を読むことができないのだ。

　書き手であるあなたは、記事に書いている知識も、記事に書いていない知識も、両方知っている。だから、記事が多少わかりにくくても自分の知識で補足して理解してしまう。つまり、あなたは記事

がわかりにくいのか、わかりやすいのかを判断するのに一番ふさわしくない人間ということ。なので、精神状態をなるべく読者に近い状態へと近づけなければならない。だから、気分転換なのだ！

　気分転換したら、記事についての知識を持たない読者になったつもりで記事を読み返そう。このとき、あなたが表現にこだわりたいかどうかではなく、純粋に読者が読みやすいかどうかをチェックする。

　そして、「わかりにくい」と感じたところがあったら、表現を修正していこう。修正の方法は「文章の「デコ」とは？どうやって文章を表現すればいい？」で触れた通り。複雑レベルを下げたり、複雑な内容を分割したり、語尾を揃えたりといった方法を使えばOKだ。

わかりやすい文章を書く！オススメトレーニング方法

column

「わかりやすい文章」というのは、文章を読んだ人間が、書いた人間の脳内イメージを間違えずに再現可能な文章と言い換えることもできる。

たとえば、もしあなたが私から「セブンイレブンのメロンパン買ってきて」と依頼されたらどうだろう？ セブンイレブンにはメロンパンと言ったところで、チョコチップが入っていたり、生クリームが入っていたりと複数の商品が売られている。なので、もしあなたが実際に買いに行ったとしたら、どれを買おうかとちょっと悩むはずだ。つまり、この文章はいざ実行するとなるとわかりにくい文章というワケ。

ではどうすればわかりやすい文章にできるか？
オススメのトレーニングが、次のような方法だ。

1）下の図のように、紙に5×5のマスを描き、○を3個〜4個、×を3個〜4個並べる。
2）1で作った紙に基づいて、○と×の配置を文章で表現する。
3）2の文章をクイズのお題として複数の人間に対して出題し、1の表を書いてもらう。このとき、当たり前だけど1の表そのものは見せちゃダメ。

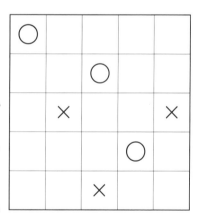

3の問題に正解した人の数÷出題した人の数×100が、正解率であるとともに、あなたの文章のわかりやすさの点数だ。点数がアップするように何度もチャレンジしよう。繰り返すことで、あなたの文章のわかりやすさが磨かれていくハズだ。

第5章

「お客さんが味わいたい感情」が物語のキー

「お客さんは何にお金を払う？ お客さんが味わいたい「感情」とは

　では、続いて小説や脚本などが含まれる「文章力としての価値（デコ）」が求められるジャンルの流れについて。
　このジャンルでキーとなるのは、「お客さんが味わいたい感情は何？」ということ。

　小説や脚本など「文章力としての価値（デコ）」が求められるジャンルの作品を一言で言えば「物語」ということになる。「物語」に対して人々が何を求めているのかというと、それは「感情」だ。
　「飛び切り泣ける」「腹を抱えて笑える」「夜トイレに行けなくなるほど怖い」……といった「感情」を求めてお客さんはお金を支払う。このため、「お客さんが味わいたい感情」がわからなければ文章を紡ぐことができない。ではどうすれば「お客さんが味わいたい感情」がわかるかと言えば……「リサーチ」。やっぱりここでもリサーチの出番なのだ。
　リサーチの方法そのものは、「情報としての価値（＝ネタ）」に価値が求められるジャンル」のところで記載した通り。「ターゲットユーザー」と「商品・サービス」「市場」について調べればOK。ただ、「ターゲットユーザー」については「悩み」ではなく、「お客さんが味わいたい感情」についてリサーチをしよう。
　また、「商品・サービス」と「市場」については、ターゲットユーザーの悩みに関連するものではなく、あなたが書こうとしている物語に近い物語についてリサーチしよう。たとえば、あなたが推理小説を書こうとしているのであれば、類似する推理小説と推理小説業

界についてリサーチするということだ。

　リサーチによって「お客さんが味わいたい感情」について手に入れたら、お次は「マンダラ式発想法」だ。

　"お客さんが味わいたい感情"を「マンダラ式発想法」の真ん中のマスに書き、周辺に「その感情を刺激する"出来事"」を書いていく。

　たとえば、ターゲットユーザーが「"腹を抱えて笑いたい"」という感情を味わいたいなら、「マンダラ式発想法」の中央に「腹を抱えて笑いたい」と書き、続いて周辺部に、「腹を抱えて笑える出来事」について書いていこう。

■「ベタ」と「新しさ」……感情を刺激する"出来事"とは

　「マンダラ式発想法」周辺部に出来事を書いていく際のポイントが、「ベタ」と「新しさ」だ。

　たとえば「腹を抱えて笑える出来事」を書いていくとき、書いている「腹を抱えて笑える出来事」は、あなたにとってもお客さんにとっても「ベタ」や「あるある」、もしくは「王道」と言えるものだろうか？

　……たとえば、この笑い話をどう思うだろう？

　　妻に「牛乳を1パック買ってきて。卵があったら6個お願い」と言われてお使いに行った旦那さん。
　　勝ってきたのは"牛乳6パック"。
　　「どうして？」と尋ねる妻に旦那は「だって卵があったから……」と答えたという。

この笑いは、海外のプログラマーが掲示板に投稿したもので、プログラム言語を知っている人向けの笑い話だ。プログラマーにとっては「ベタ」「あるある」の内容。
　というのも、プログラムには「条件分岐文（if文）」というものがある。これは、ある条件に一致している場合とそうでない場合で処理を分けることができる……というもの。
　たとえば、お金を200円持っていたらコーラを買い、300円持っていたらビールを買う……というような処理が実現可能だ。ただし、もちろんプログラムなので、人間の使う言葉とは違う。プログラム的な文法で書く必要がある。
　で、この「条件分岐文」のプログラム的な文法に従って妻の言葉を解釈すると、条件なしの場合には牛乳を1パック買う、"卵が存在している"という条件下では6個（6パック）買う……という風に解釈できるのだ！
　……ここで「なるほど！　面白いね‼」と思うか、「いや、でもあんた人間じゃん！　1パックと6個って単位が違うんだからわかるでしょ？」と笑いどころがわからないかがポイント。
　この笑い話は"プログラマーの感性"に向けて作られている。言い方を変えれば"プログラマーの笑いのツボ"に向けて作られているわけだ。
　この笑い話の笑いのツボがわからないということは、"プログラマーの感性に共感できない"ということ。さすがにそれでは、"プログラマーの感性に向けた"記事を書くのは難しい。なぜなら、物語は読者の感情を刺激する必要があるからだ。
　読者の感情を刺激するため、あなたが「笑える！」と思って作ったところは、読者も「笑える！」と感じなければならない。要するに、書き手と読者の感性がズレないようにしなければならないのだ。

第5章 「お客さんが味わいたい感情」が物語のキー

　なので、「ベタ」「あるある」「王道」を考えるときにも、あなたにとってもお客さん（読者）にとっても同じように「ベタ」「あるある」「王道」と感じられるか意識する必要がある。

　さて、「ベタ」「あるある」を6マスまで書けたら、そこで一旦ストップ。「マンダラ式発想法」の周辺部は全部で8マスあるので、あと2マス余っているハズだが一旦ストップだ。

　今度は、「その感情を刺激する"出来事"なんだけど、いくら何でもこんな内容は絶対嫌だ！」という内容を考えよう。

　「腹を抱えて笑える出来事」で考えるなら、「腹を抱えて笑える出来事なんだけど、いくら何でもこんな出来事は絶対嫌だ！」というものだ。落語の「大喜利」にある「こんな○○は嫌だ！」というお題と同じ感覚で考えてみてほしい。たとえば……「他人の笑い話だと思って笑っていたら、実は自分のエピソードだった」というのはどうだろうか？

　途中までは笑い話として聞けるが、ラストまで聞くと「腹の立つ話」や「恥ずかしい話」に化けそうだ。

　これに何の意味があるかといえば、「新しさ」をもたらしてくれる。「物語」には、「新しさ」が必須なのだ。「新しさ」がない「物語」というのは、読者からすると「どこかで聞いたことがある」「よくある話」「ありきたり」……と感じられてしまう。ひどいときには「パクリ」ととらえることさえもあるだろう。当然だが、お客さんは期待している感情を味わえない。

　あなたも、これまでに聞いたことのある笑い話を改めて聞かされたところで、最初に聞いたときほどおもしろいとは思えないはずだ。

　つまり、読者は話に「新しさ」を求めている……なんだけど、実は「完全に新しいもの」は求めていない。

　なんとも難しい話なのだけど、たとえばマクドナルドを想像して

ほしい。ハンバーガーでおなじみマクドナルドだ。

　マクドナルドでは定期的に新商品が発売されている。新商品が出るたびにマクドナルドへ行く……という人も少なくない。何を隠そう私もそうだ。新商品が出たら必ず試す！

　やはり、人々は「新しさ」を求めている……。

　でも、どうだろう？

　たとえば、マクドナルドで「マ・ベルンダバッサ・ダビゾ」という新商品が出たら食べたいだろうか？

　きっと、「食べたい」とは思わないはずだ。というかその前に「何ソレ？　食べたい食べたくないの前に、それが何かわからないんだけど……」というのが正直なところだろう。

　これが、「完全に新しいもの」に出会ったときの人の反応だ。

　人は「完全に新しいもの」ではなく、「既存のものをベースに部分的に新しくしたもの」を求めている。

　マクドナルドの新商品はいずれも、ハンバーガーという既存商品がベースだ。ハンバーガーをベースに、ソースや具材の一部を新しくすることで新商品を作り出している。

　だから、「ロコモコバーガー」だとか「テキサスバーガー」といった新商品の情報を見ただけで、「こんな感じかなー」となんとな〜く味が予想できてしまう。

　この、なんとな〜く予想できることが重要なポイント！

　なんとな〜く予想ができるから、イメージが膨らんで「食べたい！」と期待感が煽られるのだ。

　一方、「マ・ベルンダバッサ・ダビゾ」は、完全に新しい。あなたもこんな言葉絶対に聞いたことがないはずだ。だって「マ・ベルンダバッサ・ダビゾ」というのは、私が今テキトーに作った単語。まったく何の意味もない文字の集合体なのだ。

第5章 「お客さんが味わいたい感情」が物語のキー

　だから、既存の単語が1つも含まれていない。当然、まったく予想がつかない。マクドナルドの新商品と言われたところで、ハンバーガーなんだかサイドメニューなんだか、スイーツなんだか、商品ジャンルすらわからない。
　そう、「完全に新しいもの」は内容をまったく予想できない……イメージできないのだ。だから、期待感が煽られない。
　まとめると、人が惹かれるのは「既存のものをベースに、部分的に新しくしたもの」。だから、「マンダラ式発想法」でも「ベタに感じる出来事」＝6に対して、「いくら何でもこんな出来事は絶対嫌だ！」＝2の割合で混ぜる。これによって、全体としては「王道、既存のジャンル」に見えつつ「新しい」物語を作ることができるのだ。
　え？　なぜ「いくら何でもこんな出来事は絶対嫌だ！」が「新しい」に繋がるのかって？
　実はフツーに発送して「新しいもの」を作るというのは、かなり難しい。我々がフツーに考えて思いつくものは、たいてい常識的なもの……つまり、「既存のもの」だ。「新しいもの」を思いつきたいなら、フツーじゃない考え方をする必要がある。
　だからこそ、「こんな○○は嫌だ！」というお題で考えるのだ。
　あえて、「常識的に考えて嫌だ！おかしい」という方向性で考えることで、「新しいもの」を発想しやすくしよう、というわけ。

■「カタ」に従って「出来事」を並べ「物語の構成」を作る

　「マンダラ式発想法」を埋めたら「"お客さんが味わいたい感情"」と「その感情を刺激する"王道の出来事"×6」、「その感情を刺激するけどこんな出来事は絶対嫌だ！　という出来事×2」を手に入れたことになる。
　あとは「情報としての価値（＝ネタ）」に価値が求められるジャ

ンル同様、「カタ」に従って「出来事」を並べればOKだ。

「文章力としての価値（デコ）」が求められるジャンル向けのカタは、複数ある。しかし、そもそもお客さんが味わいたい感情ごとに「カタ」が用意されているので迷うことはないだろう。お客さんが味わいたいと考えている感情に相応しい「カタ」を選ぼう。

あとは、「カタ」の流れに従って「出来事」を配置していくだけ……だが「その感情を刺激するけどこんな出来事は絶対嫌だ！という出来事×2」は、話の後半に置いたほうがいいだろう。なぜかといえば、この「（略）絶対嫌だ！という出来事」は、期待を裏切る効果を持っているからだ。

ここまでで書いた通り、人は「王道」「ベタ」といった既存の情報に触れることで「期待感」を煽られる。なので「王道」「ベタ」「あるある」は「期待感」を生み出す効果を持っているわけだ。

ところで、「カタ」の説明で触れた「スリル」を思い出してほしい。人々は先の展開を知りながらも、焦らされたり裏切られたりすることで、話におもしろさを感じる……ということだった。

この「裏切り」には、「期待」が必要だ。「期待」を「信頼」と言い換えるとわかりやすいだろう。人間関係で我々が「裏切られた」と感じるのは、それまで「信頼」していた人間に対してだけだ。初めてあったばかりでまったく信頼していない人に「裏切られた！」と感じることはない。

このため、必然的に「（略）絶対嫌だ！ という出来事」は話の後半に入れないと効果を発揮できない。生み出されていない「期待感」は煽れないからだ。

なお、"話の後半に入れる"と書いたが、話の一番最後に「（略）絶対嫌だ！ という出来事」を持ってくるのは慎重になったほうがいい。というのも、お客さんが求めているのはなんだかんだいって「王

道」だからだ。

　またまたマクドナルドの例で恐縮だが、新商品のハンバーガーは、どれもこれも"ハンバーガーを食べた満足感"が味わえるのではないだろうか？

　最後まで食べたとき、「これはハンバーガーとは言えない、全く別ジャンルの商品だ！　裏切られた！」……という感想を抱くことはないだろうし、あったとしてもそんな商品を求めていないだろう。

　これは小説や脚本でも一緒だ。お客さんは新しいものを求めてはいるものの、最終的には「王道」を求めていることが多い。「ハッピーエンドの恋愛モノ」と「期待」して読み始めたら、途中斬新な展開で悲劇が描かれていたとしても、最後はやっぱりハッピーエンドになってほしいのだ。

　なので、話の一番最後は、6つある「その感情を刺激する"王道の出来事"」のいずれかで締めたほうがいいだろう。

　もちろん「絶対にダメ！」と言うつもりはない。「これまでにない後味」を演出するため、"あえて"話の一番最後で裏切るというのも1つのやり方。"意識して新たな表現にチャレンジする"のであれば全く問題ない。

■登場人物を作成する

　「物語の構成」ができたら、次に登場人物を作成しよう。

　小説や脚本などの創作ジャンルにおいて登場人物は、物語より重要度が高い。あなたが小説や漫画、映画といった創作物を好む人なら、これまで好きになった作品を思い出してほしい。好きな理由や最初に手に取った理由が「お気に入りのキャラクターがいるから」というケースは少なくないのではないだろうか。

　物語や話の構成が重要だという話を散々続けてきておいて何なん

だけど、物語よりキャラクターのほうが重要というのは、考えてみれば当然の話だ。だって、物語は作品を最後まで読まなければわからない。もちろん、物語の途中でも「つまらない」ことは判断できる。読んでいる途中で読み続けるモチベーションを失ってしまったのなら、それはつまらない物語と見なして問題ないだろう。
　一方で、「おもしろい」かどうかは最後まで読まなければわからない。物語の途中で展開がダレてつまらなくなるけど、最後まで読んだら感動できる……なんて作品もあるもんね。
　ともあれ、最後まで読まなければ物語が「おもしろい」かどうかわからない以上、作品を選ぶ際に「おもしろい」かどうかを判断基準にすることはできないことになる。じゃあ何を基準に判断しているのかと言うと、「おもしろそう」という点だ。
　「おもしろそう」かどうかは、購入前でもわかる情報から判断する。たとえばタイトル、作者、口コミの評判、作品が獲得した賞といったものだ。ここに、キャラクターも含まれる。小説、漫画、映画といった創作物で、キャラクターは作品購入前から公開されている情報の1つだ。
　タイトルにキャラクター名が組み込まれていたり、表紙にイラストが描かれていたり、あらすじで紹介されていたりといったかたちで公開されている。我々はこうした情報をもとに、その作品が「おもしろそう」かどうか判断し、購入する。
　つまり、キャラクターは物語と違い、お客さんが「購入するかどうか」の判断に影響を与えるのだ。その意味で、物語よりも重要度が高い。
　誤解しないでほしいのだけど、キャラクターのほうが物語より重要とはいっても、キャラクターにだけ力を入れればいいというわけじゃない。

第5章 「お客さんが味わいたい感情」が物語のキー

　確かにキャラクターのクオリティが高かったら、作品は手に取ってもらえるだろう。
　しかし、物語のクオリティが低かったら、最後まで読んでもらえない。読者に高く評価されることはなく、書籍だったら重版されることも続編が出ることもないだろう。キャラクターの重要性は高いが、物語も当然重要なのだ。
　さて、そんな重要なキャラクターだが、どんな風に作ればいいのだろうか。作り方を話す前に、創作上におけるキャラクターの機能について考えたい。
　キャラクターの機能を考えるうえでキーとなるのはお客さん……ターゲットユーザーだ。既に書いた通り、ターゲットユーザーは創作に対して「泣ける」「笑える」「怖い」……といった感情を求めている。
　創作においてキャラクターが受け持つのは、こうした感情を増幅する機能だ。お客さんは、求めている感情をより強く感情を味わいたい。「泣ける」物語なら思い切り泣きたいし、「怖い」物語なら震えるほど怖がりたい。この、「より強く」する機能を持っているのがキャラクターなのだ。
　どういうことか？
　既に触れた通り、我々の脳は自分以外の人間と感情を共有する「共感」という機能を持っている。だから読者は、創作された物語を楽しむことができるわけだ。だって、考えてもみてほしい。いくらよくできた作品であっても、作品である以上、活躍するのも危険な目に合うのも自分ではない。他人……それも、作者によって作られたキャラクターだ。それなのに読んでいてハラハラドキドキする。「共感」という機能あってこそだ。
　逆に言えば、書かれているキャラクターが「共感」できないよう

な存在であれば、読んでいてなんの感情も動かないということになる。共感してもらえればより強い感情を味わってもらえ、共感してもらえなければ感情を味わってもらえない……。

つまり、創作物においてキャラクターの機能とは、読者に共感してもらうことで、読者の味わう「感情」を強化するというものなのだ。

では、どうすれば読者に共感してもらえるのだろう？

「共感」のメカニズムとは、自分が好意を抱いている人に対して機能するもので、敵対的な存在に対しては逆に機能する……と書いた。ということは、キャラクターが読者から好意を抱いてもらえればよいということになる。でも、どうすれば好意を持ってもらえるのだろうか？

ここでも心理学をベースに考えたい。心理学には類似性の法則というものがある。これは、自分に似ているものほど好感を持ちやすいという法則だ。

なので、キャラクターの設定をターゲットユーザーと似たものに設定すれば、ターゲットユーザーから好感を持ってもらえる……ということになる。

そんな単純な……と思うかもしれないが、たとえばマンガの主人公を思い出してほしい。小学生向けのマンガで、40代・男性・投資家・独身……みたいな主人公が存在するだろうか。

私もすべてのマンガを知っているわけじゃないが、おそらくそんなマンガはないはずだ。なぜなら、読者である小学生が、自分とかけ離れ過ぎていて好感を持ってくれないから。

例外的な存在として『週刊少年ジャンプ』に連載されていた『こちら葛飾区亀有公園前・派出所』（＝こち亀）の主人公・両津勘吉（＝両さん）は、35歳・男性・警察官という設定になっている。でも、両さんをご存知の人はわかると思うが、両さんは外見こそ大人

第５章 「お客さんが味わいたい感情」が物語のキー

だが、仕事をサボってゲームやラジコンをする。それがバレて上司である部長に怒られてばかり……といった具合に中身は少年そのものだ。

こんな風に、あえて外見をターゲットユーザーから離れたものにすることで、面白さを狙うというテクニックはある。ほかに例を挙げれば、『コロコロコック』に連載されている作品『でんぢゃらすじーさん』の主人公・じーさんだ。

マンガではなく小説で例を挙げれば、推理小説の超古典、『シャーロック・ホームズ』シリーズがある。読んだことがないという人でも、名前は聞いたことがあるだろう。名探偵シャーロック・ホームズが様々な怪事件を解決していくという物語だ。

その内容からすれば『シャーロック・ホームズ』の主人公は、ホームズだと思うかもしれない。もちろん、厳密な意味ではホームズが主人公なのだが、小説そのものは、ホームズの友人であるジョン・H・ワトスンの視点で語られていく。何故だろう？

これも答えは一緒で、読者を感情移入させるためだ。ホームズは、常人をはるかに超越した推理力を持つ名探偵だ。そんな名探偵の考えていることが、読者にわかるだろうか？ 読者がわかるように書いてしまったら、「常人を超越している」という感じは薄れてしまうだろう。

一方で、ホームズの考えていることが読者に伝わらなければ、読者は作品を楽しめない。そこで『シャーロック・ホームズ』で採られた方法は、より読者に近い、一般人的存在を作るという方法。ジョン・H・ワトスンだ。

ワトスンはホームズのような名探偵ではなく、少なくとも推理に関しては一般人レベルだ。なので、読者と同じ感覚で考えることができる。これによって、ホームズが常人を超える推理力を見せた

103

場合、「ん？ ホームズが何か変なことを言い出したぞ……？ いや、でも彼は名探偵。おそらく事件を解くカギになることなのかもしれない……」なんていうかたちで、「常人を超越」と「読者が理解できる」を同居させることができるのだ。

　主人公の設定をターゲットユーザーの設定と近いものにするという手法は、ほかにも様々な創作物において採られている。小説でもマンガでも映画でも、是非一度、あなたが持っている創作物を確認してほしい。

　さて。では、主人公の設定をターゲットユーザーの設定と近いものにするにはどうすればいいのだろう？

　これは、ここまで読んできたあなたなら、さほど難しい問題じゃない。ターゲットユーザーについてリサーチを行っているからだ。

　ターゲットユーザーについてリサーチした情報を元に、主人公の設定を決めよう。ただし、注意点が１つ。『こち亀』の両さんや『でんぢゃらすじーさん』のじーさんの例からわかる通り、年齢や外見、職業といった設定よりも、性格や価値観といった内面的な設定が共通しているほうが、読者に好感を持ってもらいやすい。

　逆に言えば、いくら年齢や外見、職業といった設定が共通していても、性格や価値観といった内面的設定が外れていれば、読者から好感を持ってもらえない可能性があるということ。なので、内面的な設定が共通することを重視してキャラクターを作ろう。

■キャラクターの履歴書を作る

　キャラクターを作るといっても、具体的にどうすればいいかわからない。それなら、そのキャラクターの履歴書を作るといいだろう。

　ただ、履歴書といっても学歴や職歴といった経歴だけ書くのではなく、身体的特徴や性格、恋愛体験、対人関係や価値観など細かに

第 5 章　「お客さんが味わいたい感情」が物語のキー

書いていく。

　ゴールは、この履歴書を書き上げたときに、そのキャラクターが自分の心の中に生まれていること。逆に、履歴書の項目を全部埋めても、自分の心の中にキャラクターが生まれていなければ失敗だ。失敗したら、何度でも履歴書を作り直そう。

　キャラクターが自分の心の中に生まれる……という言葉は非常に感覚的な言葉なので、理解できない人のほうが多いと思う。なので、詳しく説明しよう。

　説明するためにまず、あなたが最も身近な人物を1人、想像してほしい。できれば大好きな人がいいだろう。大嫌いな人を想像すると不愉快になる。でも、大好きな人がいなかったら大嫌いな人でも仕方がない。大切なのは、身近にいて接触時間が長いこと。家族でも、恋人でも、友達でも、同僚でも上司でも部下でも誰でもOKだ。

　想像したら、次にその人に誕生日プレゼントをすると思ってほしい。しかも、今回の誕生日は心の底から喜ばせたい。だから、その辺で何となく買ったプレゼントじゃあダメだ。では、何をプレゼントしたら心の底から喜んでくれるだろうか？　そして、心の底から喜んだとき、その人はどんな表情を見せ、なんと言って喜ぶだろうか？　想像してほしい。

　どうだろう？　想像できただろうか？

　もし想像できたなら、それはその身近な人物が、あなたの心の中にキャラクターとして存在していることを意味している。誰かが心の中にキャラクターとして存在してたら、「あの人にこういうことを言ったら、多分、こんな風にリアクションする」という想像がカンタンに行えるのだ。

　だから、心の中に嫌いな人がキャラクターとして存在する場合もある。「あの人に優しくしてあげても、絶対感謝の言葉なんか言っ

てくれない……」みたいに行動パターンが読めるなら、心の中にキャラクターとして存在しているわけだ。

　これ、実は実在の人物じゃなくても OK だ。映画のキャラクターでも、マンガのキャラクターでも、小説のキャラクターでもいい。創作物のファンで、大好きなキャラクターがいるという人は、「このキャラクターとデートしたら、こんな風にリアクション取るんだろうな……」なんて妄想を楽しんだことが一度や二度あるはずだ。恥ずかしがらなくていい。私もある。もちろん、一度や二度じゃない‼

　創作物を作るうえではこの、キャラクターの取るリアクションが想像できる状況というのが何より重要だ。この状況になっていないと、物語上の1シーンで、キャラクターがどんなリアクションを取るかわからないということになる。

　当然、わからないのだから、書けない。無理して書こうとすると、たいてい何かほかの作品からパクってくることになってしまう。結果、どこかで見たような作品になってしまうだろう。

　で。キャラクターの取るリアクションが想像できる状況……つまり、キャラクターが自分の心に住んでいる状況というのはどうすれば作り出せるのかといえば、これは単純にそのキャラクターと接触している時間の長さだ。

　好きな人間でも嫌いな人間でも、共に過ごしている時間が長ければ、「あの人相手にコレ言ったら、こう言われるよね……」みたいな感覚が芽生える。なので、キャラクターと会話しながら共に過ごすような感覚で履歴書を作っていくのだ。履歴書の項目は長いほうがいいだろう。キャラクター履歴書を書く時間こそ、キャラクターと共に過ごす長さなのだから。

　たとえば、このようなものだ。

第5章 「お客さんが味わいたい感情」が物語のキー

姓名	
略称	
性別 — 身体的性別	
性別 — 精神的性別	
年齢	
生年月日	
星座	
血液型	
身長	
体重	
人種	
現住所	
出身地	
現在の職業	
経済状況	
身体的特徴 — 髪の色	
身体的特徴 — 瞳の色	
身体的特徴 — 視力	
身体的特徴 — 眼鏡など	
身体的特徴 — そのほかの身体的特徴	

性格	概要			
	人生を通じて実現したこと			
	好きなもの			
	嫌いなもの			
	怖いもの			
	こだわり			
	ペット			
習慣	趣味			
	口癖・くせ			
	宗教			
経歴	学歴			
	職歴			
	恋愛歴			
	病歴			
	賞罰	受賞歴		
		犯罪歴		
対人関係	家族構成			
	恋人の有無		恋人の名前	
	尊敬する人			
	憎んでいる人			
	対人関係での態度			
特技				

第5章 「お客さんが味わいたい感情」が物語のキー

　もちろん、履歴書の項目はすべて埋まらなくてもいい。目的はあくまで、キャラクターが自分の心に住んでくれることなのだ。

■キャラクターの特徴を作ろう

　キャラクターの履歴書を作り、キャラクターが自分の心に住んだら、次にそのキャラクターの「特徴」を考えよう。

　特徴というと、何かキャラクターに奇抜なポイントを持たせなければ……と考える人が多いけど、別に奇抜でなくてもいい。あまり奇抜にしてしまうと、ターゲットユーザーの設定から離れていってしまう。

　特徴を考えるときは、そのキャラクターがこだわるポイントを一言で表現すると何なのか……と、自分に問いかけるのがベストだ。人気になるキャラクターは、性質を一言で言い表すことができるものが多い。

　たとえば、人気マンガ『ドラゴンボール』の主人公・孫悟空は、一言で言えば「とにかく強い相手と戦いたい」というこだわりを持つキャラクターだ。悟空にはほかにも戦闘民族サイヤ人といった設定や、天真爛漫な性格といった設定も持っているが、どれも「とにかく強い相手と戦いたい（ほかのことはどうでもいい）」から派生したものだ。

　キャラクターのこだわるポイントがわかると、履歴書に書いた各要素が繋がりだし、さらに説得力を増してくる。

　たとえば、そのキャラクターが「周囲の人間関係が穏やかなこと」にこだわっているとしたら、おそらく服装は周囲の人に合わせたものになるはずだ。また気遣いのために、お中元やお歳暮を欠かさないだろう。すると、お金が非常にかかりそうだ。特別お金持ちという設定じゃない限り、金欠気味だろう。そうなると、自分の趣味に

お金を使えず、ストレスが溜まっているんじゃ……。
　こんな風に、履歴書に記載した項目をキャラクターのこだわるポイントと繋げて考えらえるようになるのだ。
　慣れないうちは、キャラクターの特徴を考えたうえで履歴書を見返すと、キャラクターのこだわりポイントと相いれない項目が見つかるかもしれない。その場合は、キャラクターのこだわりポイントへ合わせたものへと履歴書の内容を書き替えよう。
　現実の人間の場合、あらゆる要素がその人のこだわりに関連したものになっているとは限らない。しかし、創作物のキャラクターの場合、あらゆる要素がそのキャラクターのこだわりに関連したものになっていたほうが、読者に伝わりやすいのだ（……というか実は、リアルの人間でも、その人のこだわりポイントにあらゆる要素が関連していたほうが「わかりやすい」と思われて、好感を持たれやすい）。

■物語よりもキャラクターを優先

　キャラクターの履歴書を作り、自分の中にキャラクターが生まれ、キャラクターの特徴を設定。そして、特徴をもとにキャラクターの履歴書を修正……。ここまで来たらキャラクター完成といっていいだろう。
　あとは、「物語の構成」に沿って文章を書く際、作ったキャラクターの設定を反映させてやればよい。なお、場合によってはキャラクターの設定が物語の流れに反するケースもあるだろう。
　物語上起きる事件に対して、登場人物がAという行動を取ってくれないと話が先に進まない。でも、キャラクターの設定的にAという行動は取らない……というケースだ。この場合、物語かキャラクター設定のどちらかを変更させないといけない。
　このとき優先するのはズバリ、キャラクター設定だ。キャラクター

設定は変更せず、なんとか物語を部分的に変えることを考える。「部分的」というのがポイントだ。「物語の構成」そのものは変えず、物語中に発生する出来事を追加したり、減らしたり、変更したりすることで対応しよう。

■「物語の構成」の構成に従って文章を書く

　「カタ」に沿って「出来事」を並べたことで、「物語の構成」が完成したはずだ。忘れてはならないのが、「カタ」に配置した出来事によって、「カタ」通りに主人公の状況が変化するということ。

　たとえば、「成功の達成感」「困難への挑戦」を描くのに適したカタを使う場合、話の半分ほどで主人公は「最悪の状況」を迎えることになる。つまり配置した「出来事」の結果、「最悪の状況」を迎える……ということだ。

　さあ、あとは「物語の構成」に基づいて文章を書いていこう。

　基本的には「文章に魅力を込める！ クリエイティブな文章とは何か？」で書いた通り、「語尾を変化させる」「名詞や動詞を変化させる」「たとえ話（比喩）を盛り込む」「ディティールを具体的に語る」といったことに気を配ればOKだ。

　ただ、「情報としての価値（＝ネタ）」に価値が求められるジャンル」にも書いた通り、最初から文章表現＝デコに気を使ってしまうと、執筆スピードが犠牲になってしまう。最初は「デコ」を意識せず、どんな表現でもいいからとにかく執筆することを目指そう。いわゆる「草稿」というやつだ。

　「草稿」ができたあとで見返して、語尾や名詞、動詞を直したり、たとえ話（比喩）を盛り込んだり、より具体的なディティールを付け足せばOK。こうした作業を「推敲」という。「執筆」と「推敲」を分けたほうが、結果的にクオリティの高い文章を高速執筆可能なのだ。

トレーニングが続かない？
トレーニングを継続するには

1つめのコラムで「天使のささやきと悪魔の誘惑」について書いたけど、実際に悪魔の誘惑をはねのけるのって結構ムズイ。文章術にしたって、いざトレーニングしようと思い立った瞬間、きっとあなたの中の悪魔がそそのかしてくるんじゃないだろうか？

いや、そもそも、この本を1冊読むぞ！ という決心にだって、悪魔は付け込もうとしてくるハズ。「寝ちゃえよ」とか「Twitterのが楽しいぜ」なんてね。

こうした悪魔を跳ねのけ、トレーニングを継続するために重要なのが、「習慣化」。

というのも、人間は自分の習慣となったものに対して、意識や感情を動かされにくい。食事の際、「いただきます」という習慣を持っている人は多いけど、毎回毎回食事の喜びに心を動かされながら「いただきます！」と言っている人はほとんどいないだろう。

悪魔は人間の感情の化身。なので、習慣化によって感情を動かされなくなれば、悪魔の誘惑にまどわされずに済む。そのためには、毎日少しずつでイイからトレーニングを行うことがコツだ。

たとえば、わかりやすい文章を書くトレーニングを、毎日最低100文字分行う。100文字といったらTwitterの1回分のつぶやきより少ない。この程度なら、ほとんど負担を感じずに行えるだろう。この、「負担を感じない」というのがポイント。

人間は、負担に感じることを習慣化するのは難しい。負担に感じている時点で、相当感情が動いているからだ。

なので、まずは感情が動かないレベルに簡単なことを、繰り返すのだ。繰り返しているうちに心のハードルが下がって、より楽にトレーニングできるようになる。そうしたら、作業量をアップする。

これこそ、継続できるトレーニングのコツだ。

第6章

文章術を鍛える
トレーニング

 文章のクオリティを上げる！文章術のトレーニング

　これまであなたが「情報としての価値（＝ネタ）」「構成としての価値（カタ）」「文章力としての価値（デコ）」という考え方をしてこなかったのであれば、おそらくここまでを読んだだけでも、文章執筆のスピードがアップし、クオリティも若干ながらアップしているハズだ。

　もちろん、いきなり大幅なクオリティアップはできないだろう。文章だけでなく、専門家の技術は長期間繰り返し繰り返し実践することで、能力（スキル）として熟成するもの。マニュアルを読んで1日で身に付くのだったら、誰でもカンタンに専門家になれてしまうので、専門家の価値も大幅に下がってしまうだろう。なので、ここから実践を繰り返すことが大事！

　しかし、やみくもに繰り返すだけでは、実力は伸びていかない。実力を伸ばすためには、現在の実力を的確に把握することが重要だ。

　といっても、自分で自分の実力を的確に把握するのは難しい。じゃあ、編集者や講師に添削してもらうのがいいだろうか？

　確かにこれまではそれがたった1つの冴えたやり方だった。ただ、編集者も講師も"絶対"ではない。編集者が「売れる！」と思った本が全部売れるのだったら、すべての本がベストセラーになるはずだ。

　では、どんな方法でトレーニングするのがベストなのだろう？

■データを把握する

　答えは、文章を直接お客さんに読んでもらい、結果をデータとして把握することだ。

第6章　文章を鍛えるトレーニング

　かつて……インターネットが存在しなかったときは、文章をお客さんに読んでもらうには、本を出す必要があった。本を出すためには編集者のお眼鏡にかなう必要があったので、編集者に文章を見てもらうというのがベストだった……というか、それ以外の方法がなかったわけだ。

　けど、インターネットのある今は違う。ブログや電子書籍は、書いた文章を直接お客さんに診てもらうことができる。しかも、まったくお金をかけずに自作することが可能だ。

　さらに、インターネットで文章を書いた場合、PV 数（ページビュー数）、CTR（クリックスルーレート）、CVR（コンバージョンレート）、読者が記事のページを読んでいる時間……といった数値を取得することができる。これらによってあなたのトレーニングの結果を的確に把握できるのだ。

　なお、電子書籍やブログをリリースすると、あなたに直接感想を伝えるお客さんも出てくるだろう。しかし、そうした直接の感想はトレーニングの参考にはしないほうがいい。褒められて嬉しいと思ったり、シビアな意見に気を引き締めたりする分にはいいだろう。だが、トレーニングの参考にはならない。

　なぜなら、どんなにうれしい感想も辛辣な感想も、1 人の感想に過ぎないからだ。もちろん、無視しろと言っているわけじゃない。お客さんの一人ひとりを大切にしたほうがいいので、感想を言われたら「ありがとう」とお礼を言ったほうがいいだろう。

　ただ、1 人のお客さんの感想に左右されて文章を変えるのは危険だ。なぜなら、たまたまそのお客さんが、あなたの文章と趣味が合わなかっただけかもしれない。

　99 人が「この文章が好き！」と思っている（けど感想は伝えていない）のに、たまたま声を上げた 1 人が「この文章ダメだから変

えたほうがいいよ」というケースだったらどうだろう？ その 1 人に合わせて文章を変えた瞬間、99 人のファンを失うかもしれない。

　これが編集者なら、読者の趣味嗜好を把握したうえで、的確にアドバイスをしてくれるだろう。しかし、お客さんは編集者じゃない。編集者クラスに知識を持っている人も中にはいるかもしれないが、その人が編集者クラスに知識を持っているかどうかわからない。

　だから、お客さんの感想ではなく、データで把握するのだ。データはすべてのお客さんの行動が反映される。声の大きい少数派に影響されて、多数派を失ってしまう危険は避けられるだろう。

■ DPC サイクル

　データを把握したあとどうすればいいのだろうか？

　答えは、データに対応した場所を把握し、改善すればいい。

　文章を書いてインターネットで公開し、記事の数値を把握。数値が低かったら、自分の文章のどこが悪かったかを考えて修正。修正したものを再びインターネットで公開……ということを繰り返していくのだ。

　この結果、あなたの文章力はアップするし、どの程度アップしたのかを数字で把握することが可能だ。こうした繰り返しのことを「DPC サイクル」と呼ぶ。

　「PDC サイクル」という言葉を聞いたことがあるかもしれない、P は Plan のことで、まず計画を立てる。D は Do のことで、計画に基づいて行動を起こす。C は Check のことで、行動の結果を計測して確認し、新たな計画へと反映させる。こうした流れを繰り返すことが「PDC サイクル」だ。

　「DPC サイクルの」頭文字も「PDC サイクル」と同じものを意味している。ただ、「PDC サイクル」と違って最初に Do、行動を起こす。

計画を立てようにも行動しなければデータがないので、まずは行動を起こすところから始めましょう……というのが「DPC サイクル」なのだ。

　データを把握し「DPC サイクル」を繰り返すと、文章力がアップするだけでなく、同時に、記事を読んでいるお客さんの満足度もアップしていく。なぜなら読んでいるお客さんの満足度が改善しなければ、そもそも数字が伸びていかないからだ。

　そして、お客さんの満足度がアップしているということは、自分の評判や知名度までもがアップしているということを意味する。

　そうはいっても、どんな数字が何を意味しているのかわからないだとか、数字の意味がわかっても、どこを修正すればいいのかわからないという人もいるだろう。

　そこで、見るべき数字と、その数字が上下した際に何が考えられるか、その改善点を次のページで表にまとめてみた。

指標	PV (ページビュー数)	CTR (クリックスルーレット)
算出式		CTR（%）＝ 目的のページへお客さんが移動した数÷PV×100
概要	記事ページにアクセスしたお客さんの数	記事ページで紹介している商品/サービスの紹介ページ・課金ページなど、目的のページへお客さんが移動する確率
数字が意味するもの	記事タイトルや記事が扱っているネタがお客さんの「読みたい！」という興味を喚起できているか。	記事の目的が「商品やサービスなどを購入させること」であるときに、お客さんの「商品やサービス」への興味を喚起できているか。
改善ポイント	・お客さんの悩みを具体的に想像する。 ・お客さんの悩みにあった「ネタ」を扱う。 ・お客さんが現在興味を持ってるジャンルの最新情報や話題の情報を「ネタ」として扱う。 ・「ネタ」についてをタイトルで触れる。	・お客さんが悩んでいることへの共感を記事内で強く訴える。 ・お客さんが「商品を買う必然性」を記事内で強く訴える。 ・お客さんが「今、商品を買う理由」を記事内で強く訴える。

第6章　文章を鍛えるトレーニング

CVR （コンバージョンレート）	滞在時間
CVR（％）＝ 商品・サービスを購入したお客さんの数÷（PV × CTR）× 100	
記事ページで紹介している商品／サービスの紹介ページ・課金ページなど、目的のページへお客さんが移動したあと、商品やサービスを購入する確率	記事ページにお客さんが滞在した時間
記事の目的が「商品やサービスなどを購入させること」であるときに、お客さんの「商品やサービスを買いたい！」という購入意欲を喚起できているか。	記事内容がお客さんを引き付けるものになっているか。
・お客さんが悩んでいることへの共感を記事内で強く訴える。 ・お客さんが「商品を買う必然性」を記事内で強く訴える。 ・お客さんが「今、商品を買う理由」を記事内で強く訴える。 ・買ったあろ、お客さんがどんな理想的な状況になるかを記事内で強く訴える。	・「カタ」の「メリハリ」を増やす。

より上のクオリティを目指すには?

　ここまでの内容を踏まえて、それでも文章のスピードや文章のクオリティがアップしないという場合、3つのパターンが考えられる。

　1つめのパターンは、「読んだけど実践しない」というパターン。既に話した通り、文章は筋トレのようなもの。筋トレ本を読んだだけでは筋肉が付かないのと同様、文章も書くことを繰り返さなければ上達しない。なので、このパターンに陥っているのであれば、自分が行うべき課題を粛々とこなすしかないだろう。

　2つめのパターンは、あなたが既にこの本を凌ぐレベルの文章スピード・文章クオリティを身に付けているというパターン。たとえば「1時間で6,000文字くらいの文章、軽く書けますよ！」といったケースだ。この場合、この本が想定しているレベルを大きく超えているので、確かにこの本の内容でそれ以上の能力アップを図ることは難しいだろう。

　ただ、逆に言えば、それでも文章術の本を手に取ったということは、文章について何らかのことで悩んでいるはずだ。1時間で6,000文字、ビジネスに使えるレベルの文章力を持っていながらも、何かに悩んでいる……。考えられる中で可能性が高そうな理由は、それでもお金にならないということだろう。

　ライターのみならず、クリエイター系の職業に就いている人は、クオリティが高ければ自然と売れるという考え方を持っていることが多い。確かにビジネスで商品として提供する以上、一定のクオリティが必要になることは間違いないのだけど、クオリティオンリーで売れるわけじゃない。なので、クオリティだけ追求し、クオリティ

第6章　文章を鍛えるトレーニング

以外の要素は目もくれない……となってしまうと、なかなかお金に結びつかないという事態を招きやすいのだ。

　もしあなたがこのパターンに陥っているなら、必要なのは売るための技術だ。「どうやって稼ぐ？　文章で稼ぐ方法」以降の内容を見てほしい。

　最後に3つめのパターンは、目標としているクオリティがこの本の想定以上に高いというパターンだ。この本が想定している内容というのは、ライターをはじめ文章を扱う職業の人間として、それぞれの業界で問題なく活動できる……というレベルを想定している。なので、問題なく活動できるレベルじゃなく、業界トップを取るくらいの大活躍がしたいというレベルは想定外だ。

　こうした超ハイレベルの文章作成術を求める場合にキーとなるのは、個性以外の何ものでもない。というのも、超ハイレベルというのは、ほかの大多数より抜きんでるということだからだ。

　考えてみてほしい。この本のような書籍や、あるいは学校の授業のようなものによって獲得できる技術は、既に誰かが実現したものでしかない。

　たとえばこの本であれば、私がこれまで行ってきたことをベースとしたノウハウだ。だから、あなたがこの本でできることを実現できるようになったとしても、それはあなただけのノウハウではなく、私が既に実現したノウハウということ。

　この時点で、ほかの人に追いついただけで抜きんでたわけじゃないということになってしまう。おまけに、本として公に出版されている以上、あなた以外の誰かもノウハウとして習得している可能性がある。なので、この本の内容だけで超ハイレベルに達するというのは難しいのだ。

　ではどうすればほかの人より抜きんでることができるのだろう

か？ その答えは「あなた自身が見つけなきゃならない」というものだ。きっとあなたはこの答えに満足しないと思う。ごまかしのようにも聞こえるからだ。しかし、誠実に答えようと思えば、この答えにならざるを得ない。

　ためしに、小説でもマンガでも映画でもゲームでもいい。名作と呼ばれる作品を思い出してほしい。名作と呼ばれる作品はたいてい、ほかの作品とは違う何かを持っている。特にマンガがわかりやすいが、名作と呼ばれるマンガの絵は、見ただけでその作家とわかる絵をしている。つまり、個性だ。

　こうした個性は誰かに教わってできるものじゃない。作り手自らが生み出さなけばならないものだ。だから、他人が答を与えることはできない。

　……ただ、ヒントを示すことはできる。

　多くの人は個性と聞いて、「自分はそんなに個性的じゃない」と思ってしまいがちだ。おそらく、個性＝他人が絶対やらないような奇抜な性格・立ち振る舞いのように感じているのではないかと思う。でも、個性とはそうしたものではない。

　個性とは、その人の個人的な体験と、「好き／嫌い」といった感情の積み重ねだ。だから、誰にでも存在する。

　たとえば、「運動会」と言う言葉から、あなたの個人的な体験を思い出してほしい。

　私の場合は、父・母がおらず祖母に育てられたので、運動会に来るのはいつも祖母だった。ほかの家と違って祖母ということを、子供も心に少し寂しく思ったこともある。けど、いつも私の好きなお弁当を沢山作って優しく見守ってくれた祖母に感謝もしている。祖母の作ってくれたお弁当は量が沢山あったにも関わらず、私は全部一人占めにしたくて、友達とのおかず交換を嫌がったっけ……。

第6章　文章を鍛えるトレーニング

　「運動会」に関する私の体験について読んで、「これのどこが個性だ？」と感じたかもしれない。確かに、このままでは単なる思い出話だ。でも、この思い出話を作品に反映させたらどうだろう？

　たとえばある作品で「運動会」に関するエピソードが出てくるとする。その際、私が書くとしたら両親ともが揃っている家の情景ではない。一人っ子を、祖母やシングルマザーが見守っているという情景だ。

　なぜなら、この情景こそが私の個性を最も発揮できる情景だから。一人っ子の心情も、それを見守る祖母やシングルマザーの心境も、極めてリアルに想像できる。何せ私は実際に過去、体験しているのだから。

　あなたも私も、「運動会」だけじゃなく、様々な体験をしているハズだ。作品になったとき、その中に登場する情景の様々なところに個人的な体験が反映されたとしたら、どうだろう？

　そこには過ごしてきた時代、家庭環境、個人的な性格や身体的特徴、味わった気持ちなどなどが反映され、その人にしか書けないものになる。これこそが、個性だ。

　ちなみに、何も体験したことをそのまま素直に書かなきゃいけないというわけじゃない。憧れすら個性だ。

　どういうことかというと、たとえば私の運動会の場合、祖母と運動会を楽しんだわけだけど、だからこそ私は父・母・自分という家族フルメンバーでの運動会に「憧れ」を持っている。なので、そのとき抱いていた「憧れ」をベースして作品を作ることができるわけだ。

　この「憧れ」は、父・母・自分という家族フルメンバーで運動会を楽しんできた人の実体験とは内容が微妙に異なっている。理想と現実の違いというヤツだ。恋愛でも、交際前に憧れていた理想の恋愛イメージと、交際してから味わう現実とじゃ内容が異なる。

なので、「憧れ」をベースに作品を作ると、リアルな体験をした人とはまた異なる作品を書くことができるわけだ。これも立派な個性といえる。

　現実に体験していない「憧れ」ベースの作品なんて、リアリティが少ないんじゃないか……と思う人もいるかもしれない。これは確かにその通りで、よりリアルな体験を求める人の心を打つ作品にはならないだろう。ただその一方で、憧れに満ちた理想の世界を求める人だっている。

　なので、「憧れ」をベースにした作品が絶対的にダメなのではなく、ターゲットユーザーの問題だと考えたほうがいいだろう。

　もちろん、すべての仕事で私の過去を反映できるわけじゃない。仕事によっては、父・母・兄・弟の4人家族が仲良く運動会を楽しむという情景をリアルに描いてほしいとオーダーされることもあるだろう。私も、そういう案件だからといって断るわけじゃない。ただ、個性は発揮できないので、個性をフル発揮した場合と比較して文章に籠もる迫力や心を動かす力は弱くなる。それは致し方ないことだ。なので、超ハイレベルの文章を作るのであれば、自分が十分に個性を発揮できるフィールドで戦う必要がある。

　なお、個性を発揮するうえで最も障害になるのは、自分と向き合う辛さだ。あなたの体験は、たいていの場合「好き」「嫌い」「辛い」「ムカつく」「恥ずかしい」といった強烈な感情と繋がって記憶されている。そもそも、強烈な感情と繋がらない記憶は、そもそも長期間記憶されない。

　なので、体験を思い出すことで、あなたは過去に味わった感情と同じ感情を、再び味わうことになるだろう。私も、先ほどの「運動会」の記憶を思い出して、原稿を書きながら涙が出てきた。

　ただ、そこまで感情を刺激する体験だからこそ、読んだ人の心を

打つことができる。なので、自分の感情と向き合うことを恐れてはいけない。書き手が心をさらけ出さなければ、読み手の心を打つことはできないのだから。

ちなみに、文章に乗る個性は個人的な体験だけではない。文体に関する個人的な感情も乗ってくる。この本で「文章力としての価値（デコ）」と表現したものだ。

「文章力としての価値（デコ）」は、最低限読み手に書いている内容が伝わるものでなければならない。だが逆に言えば、読み手に内容が伝わるのであれば、書き手それぞれが自由に表現していいものでもある。ボキャブラリーを増やす際、文章を書く際、自分が好きと思う表現を採り込み続けることで、あなたの文体はあなたならではのものへと近づいていくだろう。

自分の個性と向き合ううえで効果的なのは、感情年表を作ることだ。自分が物心ついてからの年を表に書き出し、それぞれの年に起きた、記憶に残っている体験を書いていこう。書くのはあくまで、あなたが体験したこと。たとえば1983年にはファミコンが発売されたが、あなたがファミコンを販売したり開発した体験があるのであれば、「ファミコン発売」とは書かない。

ファミコンを買ってもらったのであれば「ファミコンを買ってもらった」。ファミコンを買ってあげたのであれば「ファミコンを買ってあげた」。ファミコンを買ってほしかったけど買ってもらえなかったのであれば「ファミコンを買ってほしかったけど、買ってもらえなかった」と、体験した通りに書こう。

そして体験したことを書いたら、体験にまつわる感情も書く。「嬉しかった」「悲しかった」「悔しかった」というものだ。

さらに、体験にまつわる感情の隣には、感情から思わず取った行

動も書いておこう。

たとえば私なら、1979年（1980年かも？）、3歳か4歳の誕生日に仮面ライダー（スカイライダー）の変身ベルトを買ってもらった。当時は父も母もおり、とても嬉しかったのを覚えている。あまりに嬉しかったので、仮面ライダーを真似て外の階段で私は変身ベルトを付けたままジャンプをした。仮面ライダーが変身ポーズのあとジャンプしてたので、それを真似たわけですな。

その結果、ベルトは私の腰から外れて地面に叩きつけられ、壊れて動作しなくなってしまった。もちろん、悲しくて泣いた。めちゃくちゃ泣いたね……。

こんな風に出来事のストックをしていくと、どんな体験とどんな感情が自分を作っているのかが見えてくる。自分を作っている体験と感情こそが、個性。つまりこのトレーニングを行えば、自分の個性が手に入るというわけだ。

自分の個性が手に入ったあと、あなたの前に立ちはだかる壁は、

年	自分が経験したこと	体験にまつわる感情	感情から思わずとった行動
1976年	誕生		
1979年	誕生日に仮面ライダー（スカイライダー）の変身ベルトを買ってもらった。	とても嬉しかった	仮面ライダーを真似て、私は外の階段で変身ベルトをつけたままジャンプをし、ベルトを壊してしまって、悲しかった。

第6章　文章を鍛えるトレーニング

自分の過去を作品へと反映させることへの恐怖だろう。人によっては恐怖ではなく、「恥ずかしい」と感じるかもしれない。ただいずれの場合も、基本的には「自分の心の"核"に近い部分が、ほかの人から良く思わせないんじゃないか……」と感じていることから起因している。

　一言で言えば、読者に受け入れられるかどうかが不安なのだ。

　この不安については、勇気を出して自分で克服するしかない。他人がどうにかできる問題ではないのだ。

　勇気を出すコツとしては、世の中の全員に受け入れられようとは思わないこと。作品を作り慣れていないと、あらゆる読者に好かれなければと思ってしまいがち。だから、受け入れられるかどうか不安になってしまう。

　我々は子供のころから「あらゆる人と仲良くしたほうがいい」と教えられるので、我々の心も「あらゆる人に受け入れられるべき」という常識に縛られてしまっているのだ。なので、この常識の縛りを突破するためにあえて書いておく。

　自分にとって価値がある人は、自分を受け入れてくれる人だけだ。受け入れてくれない人間には価値がない。

　……いや、もちろん実際に仕事するうえではいろんな人と付き合うし、価値がないからって無視していいとか、ケンカ腰の態度で接していいとか、そういうことが言いたいんじゃないよ？　必要以上に気にしなくていい、という話。

　だって、あらゆるものに相性があるわけですよ。マリリン・モンローやオードリー・ヘップバーンといった伝説級の女優ですら、「私はあんまり好きじゃない……」という人が存在する。なので、相性が合わない人のことまで気にしていてもしょうがない。

　超ハイクオリティの作品作りに挑むのであれば、自分の個性を作

品へ昇華しないわけにはいかないので、そのためには一旦、あなたにとって大切な……価値ある人の定義を、あなたにとって価値がある人として、その人のために作品を作るって考えるのがオススメ、ということなのだ。

第7章

文章術で稼ぐには？

1 どうやって稼ぐ？ 文章で稼ぐ方法

　文章力がアップして自信が持てたら、次に考えるのはどうやって稼ぐか？　だろう。

　文章術で稼ぐことを考える場合、一番イメージしやすいのが、文章そのものを売るライターや作家のようなパターン。ただ、稼ぐということを目指すのであれば、文章そのものを売るというイメージは捨てたほうがいいだろう。

　ライターや作家を目指すのがダメというわけじゃない。売り物は実は文章そのものではないのだ。

　たとえば広告用の記事を書くという仕事がある。この仕事は執筆している側から見ると、広告の書式に従った文章を書く仕事だ。でも仕事を依頼している側がほしがっているのは、広告から得られるお客さんであり、商品が売れることによって得られる売上にほかならない。

　つまり広告用の記事を書くという仕事は、実際は「文章を使った集客代行サービス」と言えるのだ。

　「依頼された文章を書いている」と考えると、このような発想にはなりにくい。この結果、自分の文章術をビジネス化するチャンスを狭めてしまう。

　ちなみに、ここまで読んできたあなたなら理解できると思うが、小説ですら文章そのものを売っているわけではない。そう、小説が売っているのは「ワクワクできる」「スカッとできる」「泣ける」「笑える」「怖い」といった「感情」だ。

　なので、小説を読んで「感情」を揺り動かされたお客さんはその

作品に満足するし、「感情」を揺り動かされなければ「つまらない」と言われてしまう。

つまり作家とは「感情刺激サービス」と言えるだろう。

これを踏まえると、文章で稼ぐ場合に考えなければならないのは「文章を使ってどんな価値を提供するのか？」という点だ。

「集客」という価値を提供できれば、広告系のライターとして稼げるし、「感情」を刺激できれば作家になれる。「専門知識」を提供できれば、その専門分野のライターになれるだろう。

これらは、編集プロダクションのように依頼を出してくれるクライアントから案件を受託してもいいし、自分でブログやメールマガジン、電子書籍などのコンテンツを提供するというのでもいい。

ただいずれにせよ、文章は価値を生み出すための手段であって、あなたはクライアントや読者がほしがるもの（集客や感情など）を提供するサービス業者だいうところがポイント。

この場合、あなたはクライアントや読者がほしがるもの（集客や感情など）……つまり「価値」そのものを握っている。あなたが「価値」を握っている限り、大きく稼ぐことができるだろう。

一方、文章そのものが「商品」ということになってしまうと、どんどん稼ぎにくくなっていく。なぜなら、文章そのものが「商品」だと認識していると、指示された内容をただ書く……という案件をこなすことが増えていくからだ。

指示された内容をただ書く……という認識でいると、「価値」は仕事を依頼した人間が握ることになる。この状況は依頼主からしてみれば、誰でもいいから文章を書いてくれる人間に依頼すればいいということを意味してしまう。「この価値ある情報を誰かに書いてもらえれば、それで儲けられる」という発想になるからだ。

この結果、やってくるのはあなた以外でもできる案件。当然誰に

依頼してもいいので、単価も安く、儲けにくい案件ばかり……ということになってしまいかねないのだ。

■作家、ライターとはサービス業

　作家もライターもクライアントや読者がほしがるもの（集客や感情など）を提供するサービス業者と考えると、さらに視点が広がっていく。

　なぜならサービス業は、商品だけ売っていては成り立たない。商品力、スピード、金額、利便性、コミュニケーション、アフターフォロー……といった総合力の勝負だからだ。

　このことをよ〜く表しているのが、フリーランサー40歳限界説。第一線で活躍する一部の売れっ子を除き、平均的なフリーランスは40歳を超えると、案件の受注数がガクンと減ってしまう……という現象について触れた説だ。

　なぜこんな現象が起こるのかというと、フリーランサーが40歳を超えると、現場の担当者（編集者など）が年下になってしまうからというのが主な理由だ。

　いくら発注者側とはいえ、年上相手にあれこれ修正を言うのは難しい。年下のほうが接しやすい。

　一方、受注者であるフリーランサー側も、年下からあれこれ注文をつけられると気分がよくないという人は少なくないようだ。このため、自然と発注件数が減っていくことになる。

　フリーランサーをサービス業として捉えると、「発注者＝顧客」から見た利便性が大きく減り、サービス業としてトータルな価値を目減りさせてしまうというわけだ。

　加えて、40歳を超えることで、若かったころの気持ちや価値観と変化が生じ、昔書けていたような原稿が書けなくなる……という

ケースもあるようだ。これなどは、そもそもの商品力が劣化してしまったと言えるわけで、かなりツラい。

ただ、フリーランサー40歳限界説については今後、あまり気にすることがなくなるんじゃないかと思う。というのも、日本は少子高齢化と人口減少に突入するからだ。

発注者（編集者）側からすれば、年下のライターに依頼したくとも、依頼できるライターが減っていく。

さらに、高齢化＝高齢者の数が増えるということは、読者も高齢者が多くなるということ。なので、要求される文章も高齢者でないと書けない、高齢者向けのものになっていくだろう。

ただこれは、フリーランサー40歳限界説を気にしなくてよいというだけの話。「作家・ライター＝文章を書いて売るサービス業」と捉えることは重要だ。

というのも、「商品のクオリティ」だけに目が行って、スピード、金額、利便性、コミュニケーション、アフターフォローといったほかの部分をないがしろにした結果、淘汰されてしまう……というのは、個人事業に多い自滅パターンなんですな。

この自滅パターンで代表的なのは、弁護士や社労士などの士業。

士業を目指すのはたいていまじめな人で、商売っ気のない人が多い。これは、いかに商品やサービスを売るか？　という点より、理論・技術を習得するという点に強く興味を持つ人が多いということだ。

まあ、そりゃそうだよね。そもそもいかに商品やサービスを売るか？　という点に興味があったら、営業職についたり起業をしたりするはず。なので、これは当然の話といえるだろう。

ただ、こうした人たちは、理論・技術を重視する一方で、いかに商品やサービスを売るか？　という点に興味を持たないことが多い。この結果、士業の資格を取ればお客が来てビジネスが成立するだろ

うと思って独立することが多いのだ。

　もちろん、実際にビジネスを始めたら法律相談に乗ったり、人事や保険の相談に乗ったり……といったメイン業務以外の部分……宣伝、スピード、金額、利便性、コミュニケーション、アフターフォローが、商品の受注を大きく左右する。

　自分が士業の専門家に相談するときのことを想像してほしい。

　そもそも困ったことがあるから相談するのだ。困っている、不安だ……そんな中で相談する。だとしたら、人当たりがよく、知名度があって相談しやすく、アフターフォローも万全、この人に頼りたいという人に依頼したいと思うだろう。専門知識があれば誰でもいいとは思わないハズ。

　これ、作家・ライターも同様だ。

　もちろん、例外はある。

　たとえば、心臓外科医に超高難度の心臓バチスタ手術を依頼するのなら、人当たりより知名度より相談しやすさより、"手術の腕"がほしい。死にたくないからだ！

　作家もライターも「この人に依頼すれば絶対に記事が爆売れする」というレベルで商品が提供できるであれば、宣伝、スピード、金額、利便性、コミュニケーション、アフターフォローも不要だろう。何せ売れるのだから、クライアントも多少のことは目をつぶってくれる。

　そこまでのレベルを目指すのはイバラの道だ。しかし、可能性という意味ではゼロではない（未来のことは誰にもわからないから、どんなに低くとも可能性ゼロにはならない……という意味で）。なので、どちらを方向を目指すかは、あなた次第と言えるだろう。

収益をアップさせるには？ ライティングの価値とは

　「価値が相手に握られていると、単価も安く、儲けにくい案件ばかりになってしまう」と書いたけど、実際にクラウドソーシングのサイトを見ると「素人でもOK！」という触れ込みで、1文字0.5円……みたいな案件がわんさかある。

　1文字0.5円というと、3,000文字書いても1,500円。ネタ集めや構成まですべて含めて1時間で3,000文字書けるなら、まあ深夜アルバイトの時給程度にはなるかな……といった感じだ。

　それでも、もちろんライターとしてフリーでやっていく……という人が生活できる金額ではない。これでは正直、カツカツもいいところだろう。

　ではどうやって単価の高い案件を獲得すればいいのか……といえば、先に書いた通り「価値」を提供できればよい。「集客」ができる、お客さんの「感情」を刺激できる、「専門知識」を提供できる……などの「価値」だ。

　とはいえ、最初から「専門知識」を持っていたという場合を除いて、こうした価値をすぐさま身に付けるというのは難しいだろう。

　しかし、「専門知識」に的を絞れば、身に付ける方法はある。

　その方法とは、次の2ステップだ。

1）手に入れたい専門知識の本を20冊ほど読む。
2）調べた専門知識を自分の知っているネタと組み合わせてブログで配信する。

■手に入れたい専門知識の本を20冊ほど読む

　この方法は、「市場についてのリサーチ」で説明した方法と同じだ。1冊、2冊ではなく20冊ほど本を読むということで、本の中に盛り込まれている「事実」や「普遍的な知識」を読み取ろう……というわけだ。

同じ専門知識の本を20冊も読むと、その専門知識のジャンルの「事実」「普遍的な知識」に近い知識が手に入る。これは言い換えれば、その「専門分野の常識」が手に入る……と言ってもいい。

　20冊も読むのは大変……？

　確かに、そうかもしれない。間違いなく時間がかかる。でも、専門分野によっては、大学や専門学校に高い金払って入学したうえで数年間学ばなければならない……なんてこともザラだ。その「大変さ」に比べたら、そこまで大変ではないのではないだろうか？

　しかも、読んでいるうちに読書スピードは確実にアップしていく。何故言い切れるのかというと、20冊の本には「普遍的な知識」に当たる部分が少なからず含まれているからだ。

　「普遍的な知識」ということは、本が異なっていても書かれている内容が同じということ。つまり、読めば読むほど、本の中で重複する部分が増えていく。人は、はじめて読む文章よりも既に読んだことのある文章のほうがスピーディーに読める。だから、読めば読むほど確実に速く読めるわけだ。

　もちろん、読書に慣れることであなた自身が読むスピードもアップするだろう。

■調べた専門知識を自分の知っているネタと組み合わせてブログで配信する

「2）調べた専門知識を自分の知っているネタと組み合わせてブログで配信する」は、2つの効果を持っている。

1つは、調べた専門知識を効率的に身に付けることができるという効果。

学んだものを身に付けるのに一番効果的なのは、自分の言葉で他人に説明すること。なので、調べた専門知識を自分の言葉でブログに書けば、より深く専門知識が身に付くのだ。

おそらく、ブログを書いているうちに「あれ？これって何だっけ？」みたいな不明点も出てくるだろう。そうした不明点が出てくるたび、面倒でも調べよう。調べることでさらにさらに専門知識が身に付いていく。

2つめの効果は、あなたのブランドを高める効果だ。

「稼ぐ」ということを前提にする場合、専門知識をただ知っているだけでは意味がない。使わなければならない。とはいえ、あなたは何もその分野の専門家になって活動しようというわけじゃない。では、「専門知識」をどう使えばいいのか？

答えはシンプル！

その業界の専門知識を持ったライターとして、「専門知識」を「お役立ち情報」に作り替え、困っている人に発信すればいい。つまり、何かに困っている人を「お役立ち情報」で助けてあげるのだ。

すると、あなたはその人たちから「専門知識を持ったライター」だと認識され、知名度が上がっていく。この結果、案件がやってくる。学ぶために書いたはずのブログが、営業用ツールへと化けるのだ。

もし、今の自分にはない新たな「専門知識」を身に着けたいのなら、この方法がオススメだ。

案件を獲得するためには？ ライターの営業手法

　文章術を身に付け、さらには専門知識も身に付けて、ようやくライターになれた。グレイト！

　しかし盛者必衰！　せっかく得られた仕事……「案件」も、やがて途切れる日が来る。考えたくないことだが、これは"絶対"だ。

　残念ながらあなたよりも高評価の作家・ライターに仕事を奪われるということもあるし、たとえあなたが評価されていたとしても、雑誌やWEBメディア、あるいはゲームといったコンテンツ掲載の"場そのもの"が終了してしまうということだってある。

　幸運にも、仕事がなくなってすぐ次の仕事が見つかるというケースもあるだろう。しかし、なかなか次の仕事が見つからない……というケースも少なくない。

　フリーのライターの場合、会社員と違って常に次の仕事が保証されているわけではないので、これは最初から頭に入れておかなければならないことだ。

　でもたいてい、長期継続案件が4つ5つと重なり、1カ月の収益が安定してくると、ついうっかり営業をやめてしまう。現状に満足し安心してしまうということもあるが、営業したところで仕事のキャパシティ的に引き受けられないので、そもそも営業できないと判断してしまうためだ。

　この結果、何かの拍子に案件が途絶えたとき、「来月どうしよう！　新しい案件を探さなきゃ!!」と焦るハメになる。

　本当は"いつ仕事がなくなるかわからない"のだから、常に新しい案件を探し続けなければならない。つまり、営業をし続けなけれ

ばならない。

　仕事のキャパシティがいっぱいいっぱいでこれ以上引き受けられないのに、どうやって営業をしろと言うのか？　そう感じたかもしれない。もし、そう感じたのなら、あなたは営業＝案件を獲得するものと考えているのだろう。

　「ハァ？　何言ってんだ!?　営業は案件を獲得するものだろ？」……そう思っただろうか。私も最初はそう思っていたので、無理もない。

　確かに、案件を獲得することを目的にした営業こそ主流だろう。しかし、別の目的を持った営業も存在している。関係を作ることを目的とした営業だ。

　考えてみてほしい。いきなり「新しい案件」が見つかることは稀だ。これが飲食店やコンビニのアルバイトといった仕事なら、ほとんど毎日のように募集がかかっている。人手不足だからだ。

　しかし、文章コンテンツに関しては、ライターに欠員が出るか、新たな雑誌やWEBメディアといったコンテンツ掲載の場が立ち上がるかしない限り、募集はかからない。

　だから、案件を獲得するのではなく、関係を作ることを目的とする。取引先との間に継続的な関係を作り、募集のタイミングで声をかけてもらえるようにする。

　もっとフランクに言えば、気軽に仕事の話ができる友人・知人を増やしていく。これなら、今の仕事がいっぱいいっぱいで案件を受けられなくとも関係ない。

　では、具体的にどうすればいいか？

　重要なポイントは2つ。

　1つめのポイントは、あなた自身がオウンドメディアを持つこと。

　2つめのポイントは、クライアントとなる営業先を、ネットで検索して探し続けることだ。

■オウンドメディアを持つ

　オウンドメディアというのは、あなた自身の媒体という意味。メディア・媒体というと大げさに聞こえるかもしれないが、要するに「ブログ」だ。

　「専門知識」を習得するという章でも説明した通り、「ブログ」を持ち、自分の「専門知識」に基づいて情報発信しよう。「Twitter」や「Facebook」で情報発信しているとしても、必ずそれらとは別に「ブログ」を持つ。なぜなら「Twitter」は文字数が少なすぎて、「ライターの書く記事」のサンプルにはならないからだ。

　「Facebook」は「Twitter」よりも長い文章が書けるが、やはり「ライターの書く記事」のサンプルにはならない。加えて、「Facebook」は「友達」に情報を発信するための場所。あなたのターゲットユーザーに見せるための場ではない。

　……なので、「ブログ」なのだ。

　「ブログ」があれば、あなたの新たなクライアントになるかもしれない候補者に、あなたのコンテンツや「専門知識」をプレゼンテーションすることができる。

　イラストレーターはこれまで描いた作品を「ポートフォリオ」という作品集にまとめて営業活動を行う。この「ポートフォリオ」の代わりに「ブログ」を使おうというわけだ。

■クライアントとなる営業先を探す

　2つめのポイント、「クライアントとなる営業先を、ネットで検索して探し続ける」については、既にやっているという人もいることだろう。ただ、コツがある。

　コツとは"すぐに案件を求めない"こと。あくまで目的は"関係を作る"ことなのだ。

クラウドソーシングをはじめとするライター募集サイトでは、今すぐやってほしいという前提で案件が紹介されている。このため、すぐ案件にありつくことができて便利な側面もあるのだけど、1つだけ落とし穴がある。

　それは、案件の内容……原稿のテーマ、文体、価格、納品日などが、相手の都合で決まっているということ。つまり、あなたではなく、相手が「価値」を握っているのだ。

　既に書いた通り、相手が「価値」を握っている限り、あなたにとってコストパフォーマンスの高い案件がくる可能性は低い。

　もちろん、たまたまあなたにピッタリ、ドンピシャという案件に出会う可能性もゼロ……ではないだろう。ただ私の個人的な経験から言えば、そういう「今すぐやってほしい案件」よりも、クライアントとの緩い繋がりを作っておき、「あなたにやってほしい案件があるのだけど……」と名指しで言われた案件のほうが圧倒的にコストパフォーマンスが高い。そのために大事なのが、"すぐに案件を求めない"ことなのだ。

　"すぐに案件を求めない"で何をすればいいのかというと、やることは3つ。

1）あなたのオウンドメディア…「ブログ」を紹介すること。
2）あなた自身が得意としているコンテンツが何かを伝えたうえで、「今すぐでなくてもいいが、もし自分が役に立てる案件があれば紹介してほしい」と伝えること。
3）「もしよかったら、今後自分が携わった案件について、定期的に伝えてもよいか？」と尋ねること。

　1つめのアクションを行うことで、あなたのポートフォリオであ

る「ブログ」を通じて、あなたの得意な文章スタイルや、あなたの専門知識を PR できる。

そして 2 つめのアクションを行うことで、「今すぐの案件」ではなく「自分にピッタリな今後の案件」への繋がりがゲット可能だ。

最後に 3 つめのアクションを行うことで、「今すぐ」ではなく「今後」と伝えた場合に発生する、"相手に忘れられてしまうリスク" を避けられる。

この方法で「案件」を獲得する限り、1 文字 0.5 円みたいな安い案件でヒーヒー言うハメになることはないだろう。そして、突然長期案件を失って泣く羽目になる……という事態を回避できる確率もアップする。沢山のクライアントと緩い「関係性」を作っておけば、突然長期案件を失ったとしても、「来月突然仕事が空いちゃったんだけど……今すぐの案件ないですか？」と声がけできるからだ。

正直、私も何度かピンチに遭遇したが、ゲームやブログといった自分のコンテンツを作り続け、告知し続けたおかげで新たな案件に繋いでピンチを凌ぐことができた。

「オウンドメディア」をはじめとする自分のコンテンツは、あなたにとってもセーフティネットの役目を果たしてくれるだろう。

第7章 文章術で稼ぐには？

4 永続的に案件を獲得し続けるには？ ライターの経営戦略

　ライターとして案件を順調に獲得しだすと、次にぶち当たる壁が「クライアントの修正依頼が報酬と比べて厳しすぎる」だとか「突然契約を破棄されてしまう」といったケース。つまり、仕事に伴う悩みだ。

　まだライターになっていない、案件がないという状況にいる人からすると贅沢な悩みに思えるかもしれない。けど、こうした悩みは死活問題に繋がる恐れがある深刻なもの。

　というのも、報酬と比べて修正依頼が厳しすぎるという場合、修正時間だけがドンドン増えてしまう。この結果、ほかに受けられたはずの案件が受けられなくなって収益ダウンを招くのだ。

　また、突然契約を破棄されてしまったら、すぐに次の案件を得るのは難しい。結果として、案件のない時間が生まれてしまい、収益ダウンを招くことになる。

　こうした理不尽なクライアントに対してライターができることは何だろうか？

　答えから言ってしまうと、この手の問題に「対策」というかたちで対応するのは難しい。これもまた、プロポーズで考えるとわかりやすい。

　プロポーズを受けるか受けないか？　という判断の基準になるのは、それまでの交際経験の積み重ねだと書いた。何度もデートを重ねた積み重ねがあるからこそプロポーズを受けるのであって、一点突破でプロポーズを受けるわけじゃあない……と。

　「最高のプロポーズの言葉」で一点突破、という考え方は「対策」

143

だ。プロポーズにあたって、"その場で何とかしよう"という考え方。
　しかし、実際にプロポーズの成否を分けるのは"積み重ね"だ。ということは、プロポーズの言葉を告げる前に、成功か失敗か、すでに決まっているのだ。
　この話をライティングに当てはめると、つまり、理不尽クライアントとの取引を始めてしまった時点で、すでに収益ダウンという未来が決まっている……ということ。
　じゃあどうすればいいのか？
　その答えは、「マーケティング」にある。

■必要なのはマーケティング

　「マーケティング」とは、お客さん（クライアント）がほっしているものを把握することで、ひとりでに商品やサービスが売れるよう導く行為のこと。
　記事のライティングの際に、"お客さんの欲しているものをリサーチする"と書いたけど、これももちろん、「マーケティング」。この「マーケティング」を、記事のターゲットユーザーだけでなくクライアントにも適用させるのだ。

■理想のクライアント像とは

　まず、あなたが理想とするクライアント像を考えよう。
　金払いがいい、厳しい修正がない、契約停止時には1カ月前に教えてくれる……など、できるだけ具体的なほうがいい。そして、この時点ではわがままでいい。理想なんてわがままなもんだ。
　理想を書きだしたら、続いて「ここは妥協できる」という点についても書いていこう。
　たとえば「1原稿に1,000万円払ってくれるクライアント」なん

ていうのは理想も理想、言うことなしだ。けど、実際に仕事をするうえでは「1原稿に3万円」でも全然構わない。

こんな風に、"理想ではないけど自分がOKを出せるライン"を書いていくのだ。

次に、"これは絶対許せない"という点についても書いていこう。たとえば「連絡をメールじゃなくて電話でよこす」だとか、「打ち合わせ時にスーツ姿を強要する」などなど。

ここまで書くと、自分が付き合いたいクライアント像が具体的に見えてくるはずだ。見えてきたら次に、条件を満たすと思われる実際のクライアントをリストアップしよう。

さすがに理想をすべて満たすクライアントはいないかもしれない。でも、妥協点をクリアしているクライアントなら存在するのではないだろうか。

もしここで一社もリストアップできなかった場合、「妥協点」や「NG点」においても自分が相当現実離れしている可能性が高い。そうなると、自分自身が理不尽ライターという可能性が浮上してくるので、再度理想的なクライアントについて考えてみてほしい。

なお、再度理想的なクライアントについて考えるときは「実際に取引のあったクライアント」の中から「このクライアントさんが理想」と思えるクライアントを探すのがコツだ。

「実際に取引のあったクライアント」をベースに考えれば、そうそう現実離れした結果にはならないだろう。

■クライアントをリサーチする

さあ、「理想のクライアント」をリストアップできただろうか？

できたなら、そのリストこそ、あなたの潜在顧客リストだ。長期的に安定して仕事を続けたいなら、クライアントは、その中から選

ばなければならない。

　そう。まず、あなたがクライアントを選ぶのだ。じゃないと、理不尽クライアントと嫌々仕事をするハメになる。

　もちろん、潜在顧客リストに記載されたクライアントがあなたに仕事をくれるとは限らないだろう。そこで次に、潜在顧客リストに記載されたクライアントがほしがっているものをリサーチしよう。この本の中でも何度か登場したリサーチをここでもやるのだ。

　あなたの潜在顧客リストに書かれたクライアントたちは、どんな情報に食いつくのだろう？

　感動的なストーリーなのか、WEBサイトの集客効果をアップする情報なのか、それとも商品の売り上げをアップする情報なのか……。感情、集客、収益。一体、何をほしがっているのだろう？

　これらを調べるためには、ターゲットユーザーについてリサーチしたときと同様、直接聞くのが一番だ。既に知り合っているクライアントならば、担当者に聞いてしまおう。

　聞いたところ教えてもらえるかどうか不安？

　いやいや、きっと、スムーズに教えてくれるはずだ。なぜなら、クライアントにとってはほしいものが感動的なストーリーであれ、WEBサイトの集客効果をアップする情報であれ、自らの収益アップに繋がるものにほかならない。言ってみればこのリサーチは、「何をすれば御社に貢献できますか？」という質問を投げかけているわけなので、よほどのことがない限り、喜んで教えてくれるだろう。

　また、もしまだクライアントとの関係が構築されてないようであれば、営業を行う必要がある。「案件を獲得するためには？ ライターの営業手法」を参考に、まずはクライアントとの関係を構築し、リサーチができる状況を作り上げよう。

■クライアントにとってのあなたの「価値」とは

　クライアントに対するリサーチによって「クライアントがほしがっているもの」がわかったら、それに対して、「あなたが提供できるもの」は何かを考えよう。

　「クライアントがほしがっているもの」と「あなたが提供できるもの」の交わった部分こそが、あなたの提供できる「価値」だ。「価値」がわかれば、あなたの「価値」に基づいた「営業」をかけることができるはず。

　たとえば、「クライアントがほしがっているもの」が「WEBサイトの集客効果アップ」だとするなら、"あなたならではのWEBサイト集客効果アップ法"こそが、あなたの「価値」。なので、「どうすればWEBサイトに集客できるか？」というノウハウをブログ記事として配信したり、クランアントに語ったりといったかたちで"すぐに案件を求めない営業"に活かす。

　こうしたアクションによって、あなたは「あなたが理想とするクライアント」と長期的に繋る関係を築くことができるだろう。複数の「理想のクライアント」と長期的に繋がっていれば、わざわざ理不尽なクライアントと付き合わずとも仕事を継続できる。

　結果、理不尽クライアントとのクソ仕事からサヨナラできる……というわけだ！

　つまりまとめると、次のような対応がオススメだ。

・理不尽クライアントとの関係は絶つ。
・そのために、理想的なクライアントを具体的に想定する。
・理想的なクライアントに該当するクライアントをリサーチ。
・リサーチ結果をもとにあなたならではの「価値」を見出し、理想的なクライアントと長期的に繋る関係を築く。

もちろん、「理想的なクライアントと長期的に繋がれる関係を築く」ことは、一朝一夕にはいかない。なので、長期戦になるだろう。
　ただこうしたアクションを実行せず、目の前にある案件に飛び付くというのを繰り返していたらどうだろう？　どんな仕事でも、必ずいつか途絶えるときがくるのだ。そのとき、生活のためにやむなく理不尽クライアントと付き合わうハメになってしまう。これじゃあ、いつまでたっても悩みから解放されることはない。
　なので、長期戦になることを面倒くさがらず、少しずつであっても、アクションを積み重ねていくしかないのだ。
　数年後のあなたが「今の仕事の環境は最高だぜ！」と笑えるために、今日できることを確実に積み重ねていこう。きっと、未来のあなたはこう思うだろう。
　「昔の自分、ありがとう！　あのときの自分の判断や行動は間違ってなかった」……と。

おわりに

　どうだろう？　ここまで読んであなたの見る世界は変わっただろうか？

　もし最初に、「文章の力で自由自在に世界をコントロールできる」くらいの理想を抱いていたら、「世界なんて全然変わって見えないよ！」という感想を持つかもしれない。それはある意味正しい。

　しかし、あなたが世界は確実に変化している。実は、世界は二段階で変わるのだ。

　一段階目の変化は、「あなたの見ている世界の変化」。手品で言うと、今のあなたは手品の種を知ったようなもの。手品の種を知っていても、手品ができるとは限らない。マジシャンには、テクニックが必要だからだ。手品の種を知っていても、右手で人の注目を引き付けている間に左手で手品を仕込む……といったテクニックがなければ、実演できないというわけ。

　ただ、手品の種を知っていれば、手品を見る目は確実に変わるだろう。種を知らなかったころは純粋に驚いたハズの手品が、驚けなくなる。その代わり、マジシャンのテクニックの上手さや、どういう演出で人を楽しませているのか？　といった部分がわかるようになるのだ。これが、一段階目の変化。

　二段階目の変化は、「あなたの行動による世界の変化」。あなたの文章スピードが実際にアップし、クオリティもアップする。結果、お客さんが集まてくれたり、モノを買ってくれたり、人が感動した

りする。そのときあなたの目は、あなたの将来が自分の手でコントロール可能なものに見えるだろう。ただそれには、テクニックを習得する必要がある。そしてテクニックは、繰り返し繰り返し鍛錬しなければ手に入らない。

　なので、もしあなたが「世界は変わらなかった」と思うなら、是非ともトレーニングを重ねてほしい。残念ながら、この本でできることは知識を授けることまで。テクニックなどのスキルは、あなた自身がトレーニングによって獲得しなければならないのだ。

　ただ、トレーニングのためのお手伝いをすることはできる。

　この本で書かれていた執筆のポイントや、マンダラ式発想法、キャラクター履歴書、感情年表などの執筆ツールについてまとめたWEBサイトを用意した。このページ記載のパスワードを使うことで、無料で利用可能だ。

　トレーニングを行う際に是非活用してほしい。

執筆ポイント&執筆ツールをまとめたWEBサイト情報

【URL】 https://lightning-writing.com/

【パスワード】 Sogo-Book-201902

さあ、あなたの未来を、最高のものへと変化させよう。
この本を閉じ、あなたの未来を作るアクションを実行するんだ！

〈萌☆典〉〈萌訳☆〉シリーズ 好評発売中

萌えイラストと萌え4コマでスイスイわかる!

『すごいライトノベルが書ける本 ～これで万全!創作テクニック』

著者:西谷史、榎本秋

ISBN978-4-88181-814-5
A5判/並製/192ページ 価格:1,400円+税

あの『女神転生』シリーズの西谷史とラノベ評論家・榎本秋が教える、本当に面白い作品を生み出すためのマル秘創作テクニック講座! 数々のヒット作品の特徴や「ここが上手い!」といった部分の分析などで、創作のポイントをわかりやすく解説。西谷式の描写力アップ講座や豊富な実例サンプルで、意外と見逃しがちな文章テクニックやプロとしての表現力がみるみる身につきます。

『重要ポイントとマンガでわかる!水滸伝』

監修:榎本秋
著者:諸星崇・榎本事務所

ISBN978-4-88181-813-8
A5判/並製/144ページ 価格:1,500円+税

『三国志演義』『西遊記』『金瓶梅』とともに中国四大奇書のひとつとされる『水滸伝』。多くの人々に愛読され続け、今でもゲームやマンガ、ドラマなどの原作として人気を博しています。本書では、この『水滸伝』を超重要ポイントに絞り込んで解説し、さらにサッとわかるように4コママンガも掲載。汚職や不正がはびこる世を正すため、梁山泊に集いし好漢108人の大活躍をお楽しみください。

『〈萌訳☆〉平家物語』

監修:榎本秋/著者:諸星崇・榎本事務所

ISBN978-4-88181-809-1
A5判/並製/144ページ 価格:1,500円+税

平清盛もびっくり! 世界初の〈萌え平家物語解説書〉登場! 超有名な冒頭の名文句「祇園精舎の鐘の声、諸行無常の響あり……」は知ってるけど、詳しい話はよく知らない──そんな『平家物語』が〈4コママンガ〉や〈図解〉と〈超ポイント解説〉などで、みるみるわかっちゃいます。来年(2012年)のNHK大河ドラマ『平清盛』を早くもフォロー。いつの世にも通じる人生の真理がここにあります!

『〈萌訳☆〉三国志』

監修:榎本秋
著者:諸星崇・榎本事務所

ISBN978-4-88181-808-4
A5判/並製/160ページ 価格:1,500円+税

デキる人は「歴史」に学ぶ! おかげさまで大好評の〈萌訳☆〉シリーズ第3弾は、多くの偉人たちも愛読した中国躍進のバイブル『三国志演義』です。「黄巾の乱」から「魏、呉、蜀の滅亡」までの物語と「劉備」「曹操」「関羽」「張飛」「諸葛亮」などなどの登場人物たち、そのすべてを徹底的にわかりやすく解説。おなじみ4コママンガも約70本収録! 人生の「勝ち方」が身につく1冊です。

全国の書店さんでお求めください。

総合科学出版
http://www.sogokagaku-pub.com/

著者：田中 一広（たなか・かずひろ）

バーテンダーや調理師など飲食系の職を経た後、黎明期のモバイル業界に転職。
NTTドコモをはじめとするキャリア公式サイトのプロデュース&ディレクション職を経験した後、モバイルプロモーションの企画・営業を経て独立。
企画、シナリオ執筆、イラストレーション、システム開発まで一人でこなす。
自社「株式会社 Wuah -倭-ワー」名義での提供ゲームは、『チャンバラジャンキーズ』『時限脱出ホラー・封印』『フルメタルジャッジメント』等。
ゲーム開発以外に、専門学校や社会人向けセミナーの講師、KarzZombie名義でのゲームアプリレビュー連載等のライティングや、ゲーム企画・コンサルティング、システム開発など幅広く行っている。
主な著書に以下のものがある。
『オレのゲームアプリでチャリンチャリン稼いで独立する方法』(総合科学出版)
『稼げるゲームアプリを作るために知っておきたい108つのこと』(総合科学出版)
『テンプレート式 脱出ゲームの作り方』(総合科学出版)

【株式会社ワー HP】https://www.wuah.jp/
【Twitterアカウント】@Kazhiro

電撃の文章術 - Lightning Writing -

2019年3月22日 第1版 第1刷発行

著者	田中 一広（たなか・かずひろ）
カバーデザイン	山田 隼人 (Hikidashi)
印刷	株式会社文昇堂
製本	根本製本株式会社

発行人 西村貢一
発行所 株式会社 総合科学出版
　〒101-0052　東京都千代田区神田小川町 3-2 栄光ビル
　TEL 03-3291-6805（代）
　URL：http://www.sogokagaku-pub.com/

本書の内容の一部あるいは全部を無断で複写・複製・転載することを禁じます。
落丁・乱丁の場合は、当社にてお取り替え致します。

© 2019 田中一広　© 2019 総合科学出版
Printed in Japan　ISBN978-4-88181-872-5